Kavalkade
Ratgeber

Ulrike und Christiane Gast

Der erste Turnierstart

KOSMOS

Notwendigkeiten im Vorfeld

– oder was angehende Aktive vor dem ersten Turnierstart bedenken, beantragen und berücksichtigen müssen.

Aufgeregt? Ist dieses Werk wirklich die Ausrüstung, die auf den Gipfel des Turniergenusses führt? Wir glauben schon! Wir haben versucht alles zu bedenken, was in diesem Zusammenhang von Bedeutung ist – sehr wohl in Kauf nehmend, dass das eine oder andere schon bekannt ist – aber wer weiß schon genau, wem welche Puzzlestücke wohl noch fehlen? Viele Reiter würden durchaus gerne einmal an einem Turnier teilnehmen, haben aber Bedenken, die richtigen Vorbereitungen zu treffen oder überhaupt durch den organisatorischen Dschungel durchzusteigen. Dieser Ratgeber soll allen Aktiven, Ausbildern und Eltern helfen, sich zurecht zu finden und nicht gleich vor den bürokratischen Hürden halt zu machen. Wir hoffen, dass uns mit Hilfe der Texte und Bilder die Umsetzung in die Praxis gelingt! An dieser Stelle daher nur noch der Wunsch, die individuellen Infos – die jedem gerade noch fehlen – hier zu suchen, zu finden und darüber hinaus: **Viel Erfolg im Turniersattel!**

Früh übt sich ...

... wer ein Meister werden will

Die Voraussetzungen des Reiters

Um auf einem Reitturnier starten zu können, haben sowohl die Reiter – wie auch die Pferde – bestimmte Voraussetzungen zu erfüllen!

Im Folgenden werden zunächst die Voraussetzungen der Reiter näher erläutert: (Ab Seite 15 stehen dann die Vierbeiner im Vordergrund.)

Um an einem Reitturnier (egal in welcher Kategorie) teilnehmen zu können, muss der Reiter in einem Reiterverein seiner Wahl Mitglied sein. Die Mitgliedschaft ist sowohl aus versicherungstechnischer als auch aus organisatorischer Sicht notwendig:

- **Aus versicherungstechnischer Sicht**, da jedes Vereinsmitglied nicht nur auf der eigenen, vereinseigenen Anlage, versichert ist, sondern auch in einem Mindestmaß auf Reitturnieren und Veranstaltungen bei anderen Reitervereinen. Es ist trotzdem sinnvoll, eine private Unfallversicherung abzuschließen.
- **Aus organisatorischer Sicht**, weil bei einem Reitturnier komplette Reitervereine / Bezirksverbände eingeladen werden und nicht jede einzelne Person (ausgenommen bis zu 15 Einzelreitern, die aber auch wiederum einem Reiterverein angehören müssen).

Weitere Voraussetzungen zur Teilnahme an einem Reitturnier ergeben sich aus der Teilnahme in den unterschiedlichen Kategorien. Es werden drei Kategorien (C-B-A) unterschieden, die einen gewissen Schwierigkeitsgrad vorgeben – aber wiederum noch in einzelne Klassen mit unterschiedlichem Schwerpunkt und Schwierigkeitsgrad unterteilt werden. In der LPO (= Leistungsprüfungsordnung – Regelwerk für den Deutschen Turniersport) sind diese Voraussetzungen niedergeschrieben.

Alle Kästen, die mit der LPO zu tun haben, sind der Übersichtlichkeit halber hier immer gelb unterlegt, passend zum Regelwerk.

Unabhängig von den Leistungsklassen werden alle Teilnehmer in Altersklassen aufgeteilt:

Junioren	dem Jahrgang nach **bis 18 Jahre alt**
Junge Reiter	dem Jahrgang nach **19 bis 21 Jahre alt**
Reiter	dem Jahrgang nach **22 bis 39 Jahre alt**
Senioren	dem Jahrgang nach **40 Jahre und älter**

LPO konkret

Kategorie	Bedeutung	Art der „Prüfungen"
C	lokal	**Alle Wettbewerbe, wie z. B.:** Führzügelklasse Reiterwettbewerb Longenreiterwettbewerb Dressurreiterwettbewerb Springreiterwettbewerb Geländereiterwettbewerb Dressurwettbewerb Kl. E Springwettbewerb Kl. E (z. B. Stilspring-, Mannschafts-, Stafettenspringwettbewerbe) Vielseitigkeitswettbewerb Kombinierter Wettbewerb
B	regional	**Basisprüfungen für junge Pferde / Ponys, wie z. B.:** Reitpferde-/Reitponyprüfungen Dressurpferde-/ Springpferde-/Geländepferdeprüfungen Kl. A – M (auch für Ponys) Eignungsprüfungen für Pferde und Ponys **Prüfungen, wie z. B.:** Dressur(Reiter)prüfungen Kl. A – M Springprüfungen Kl. A – M (z. B. Stilspring-, Glücksspring-, Stafettenspring-, Mannschaftsspring-, Zwei-Phasenspringprüfungen) Vielseitigkeitsprüfungen Kl. A – M Kombinierte Prüfungen
A	überregional	**Championate für Reitpferde / – Ponys** Dressurprüfungen Kl. M + S Springprüfungen Kl. M + S Vielseitigkeitsprüfungen Kl. M + S Große Vielseitigkeitsprüfungen Kl. L, M + S

Für den Start in Prüfungen der Kategorie C (das sind alle Breitensport – Veranstaltungen, Wettbewerbe und Prüfungen der Klasse E) sind im Grunde keine weiteren Voraussetzungen als die Mitgliedschaft in einem Reiterverein und ein Pferd (mit Pass – s. Kapitel Voraussetzungen für das Pferd) nötig. Nun brauchen wir noch die Informationen über Reitturniere, Ausschreibungen und Nennungsschlusstermine.

Die Ausschreibungen der Reitturniere

Diese sind in den Verbandszeitschriften der jeweiligen Landesverbände zu finden:

Landesverband	**Zeitschrift**
Baden-Württemberg	Reiterjournal
Bayern	Bayerns Pferdezucht & Sport
Berlin und Brandenburg	Reiten und Zucht in Berlin Brandenburg
Hamburg und Schleswig Holstein	Pferd und Sport
Hessen	Unser Pferd
Mecklenburg-Vorpommern	Das Mecklenburger Pferd
Niedersachsen	Das Reitsportmagazin
Nordrhein-Westfalen	Reiter und Pferde in Westfalen
Rheinland-Pfalz und Saarland	Reiterprisma
Sachsen	Sachsens Pferde
Sachsen-Anhalt	Pferdsport & Zucht in Sachsen-Anhalt
Thüringen	Pferde in Thüringen

An dieser Stelle möchten wir auch den Blick ins Internet empfehlen, wo z.T. ebenfalls die Ausschreibungen der einzelnen Reitturniere veröffentlicht werden !

Beim Anblick der Ausschreibungen werden sich sicherlich viele Fragen, was das alles so zu bedeuten hat, was da so im Ausschreibungstext steht, hier in diesem Zusammenhang ein Ausschnitt (siehe Seite 7), damit ihr wisst, wonach ihr in den Zeitschriften der Landesverbände suchen müsst.
In dem gelben Kästchen steht der Veranstaltungsort und das Datum, damit ihr auf einen Blick sehen könnt, ob das Turnier für euch von Bedeutung ist oder nicht. Darunter sind weitere Informationen über Veranstalter, an wen die Nennung zu senden ist und – vor allen Dingen – bis wann sie abgeschickt werden muss. Hinzu kommt eine vorläufige Zeiteinteilung, damit direkt erkennbar ist, welche Prüfungen samstags und welche sonntags stattfinden – das ist wichtig, da jedes Pferd nur drei Starts pro Tag absolvieren darf.
Als Nächstes sind die besonderen Bestimmungen zu finden, an die sich jeder Teilnehmer zu halten hat und denen er sich (ebenso wie der Leistungsprüfungsordnung) automatisch mit Abgabe der Nennung unterwirft.
Bevor es dann zur Auflistung der einzelnen Prüfungen kommt, wird die Teilnahmeberechtigung (d.h. welche Vereinszugehörigkeit nötig ist) näher erläutert. Keine Sorge, je öfter man sich mit den Ausschreibungen beschäftigt, und je häufiger man die Nennung selber fertig stellt, desto routinierter wird die Sache mit dem Nennen!

Tipp

Die Ausschreibung immer erst sorgfältig lesen und die gewünschten bzw. möglichen Prüfungen ankreuzen, bevor sie auf den Nennscheck übertragen werden, denn dort sollte möglichst nichts drin geändert werden, denn das führt nur zu Missverständnissen!

Wenholthausen
25 Jahre RV St. Hubertus Wennetal
– Jubiläumsturnier
28.07.2001 – 29.07.2001 **Kat. BC**

Veranstalter: **RV Wennetal**
Nennungsschluss: 26.06.2001
Nennungen an:

Vorläufige ZE Samstag vorm.: 7,11,12,13,16,20, 21,27
Samstag nachm.: 2,3,6,25,26,30,31
Sonntag vorm.: 8,9,15,17,23,24
Sonntag nachm.: 1,4,5,10,14,18, 19,22,28,29,32

Besondere Bestimmungen :
- Einsätze/Nenngelder und die LK-Abgabe sind der Nennung als Scheck beizufügen.
- FÜR JEDEN RESERVIERTEN STARTPLATZ IST EINE LK-ABGABE VON DM 1,00 MIT DER NENNUNG ZU ENTRICHTEN!!
- Nennungen ohne Nenngeld u./o. LK-Abgabe werden nicht bearbeitet.
- Quartiere können nicht zur Verfügung gestellt werden.
- Stamm-Mitglieder des Veranstalters sind auch in gegeneinander ausgeschlossenen Prfg. startberechtigt.
- Ponys sind in allen WB/Prfg. startberechtigt.
- In allen WB der Kat. C ist das Alter der Teilnehmer in der Nennung anzugeben. Bei Nichtangabe werden die Teilnehmer der Abtlg. der ältesten Jahrgangsstufe zugeordnet.

Teilnahmeberechtigung

A. Prfg.-Nr. 1 für Stamm-Mitglieder der dem ZRFV Sauerland angeschlossenen RV.

B. Prfg.-Nr. 2 – 17 und 19 – 32 für Stamm-Mitglieder der RV zu A sowie der den KRV Lippstadt und Soest, dem Märkischen Reiterverband oder dem BZV Siegen-Olpe-Wittgenstein angeschlossenen RV sowie der RV Fröndenberg, Lohengrin-Hau, Pelkum, Oelde und Wrexen.

C. Prfg.-Nr. 18 für Stamm-Mitglieder der dem Provinzial-Verband westf. Reit- und Fahrvereine angeschlossenen RV sowie der RV zu B. Teilnehmer der Prfg.-Nr. 18 sind zusätzlich in den Springprfg. der Kl. L (Prfg.-Nr. 6 u./o. 17) startberechtigt.

D. Prfg.-Nr. 2 – 32 für bis zu 20 Einzelreiter auf persönliche Einladung des Veranstalters.

Leistungsprüfungen der Kat. B

1. Wettkampf um die Sauerlandstandarte des ZRFV Sauerland **(E+500 DM,ZP)**
Verteidiger: RV Hellefeld.

I. Ausstattung:
a) Wanderstandarte des ZRFV Sauerland dem siegenden Verein bis zur nächsten Austragung; b) Gold-, Silber- und Bronzemedaillen für die Teilnehmer und Mannschaftsführer der an 1.-3. St. platz. Mannschaften; c) Stallplaketten allen Teilnehmern.

II. Zulassung:
Zum Wettkampf kann jeder dem ZRFV Sauerland angeschlossene RV mehrere Mannschaften (je Mannschaft 3 – 6 Teilnehmer/Pferde) nennen. Die Nennung der Mannschaft erfolgt mit Angabe des Namens des Mannschaftsführers formlos schriftlich bis Nennungsschluss. Die Teilnehmer/Pferde müssen für die Prfg.-Nr. 1, 2, 4 und 6 zusätzlich einzeln mit dem FN-Nennungsscheck genannt werden (Startplätze reservieren). Eine Mannschaft besteht aus 3-4 Teilnehmern/Pferden, von denen jeweils die 3 besten Teilnehmer einer Mannschaft aus den einzelnen Teilprfg. gewertet werden. Jeder Teilnehmer kann nur für eine Mannschaft starten. Teilnehmer und Pferde müssen in allen Teilprfg. dieselben sein. **Pferde:** 5j.+ält. **Junge Reiter/Reiter/Senioren** LK 2,3,4,5.

III. Anforderung und Bewertung:
Der Wettkampf besteht aus a) Dressurprfg. Kl. A für Mannschaften, Prfg.-Nr. 2; b) Springprfg. Kl. A für Mannschaften, Prfg.-Nr. 4; c) Stilspringprfg. Kl. L mit Standardanf., Prfg.-Nr. 6.

Bewertungsverhältnis:
a:b:c=2:2:1.
Die jeweilige Siegermannschaft (Prfg.-Nr. 2 und 4) bzw. der Sieger der Prfg.-Nr. 6 erhält einen Punkt mehr als Anzahl der Starter (aus Prfg.-Nr. 1), die/der Zweite 2 Punkte weniger als die/der Erste, die/der Dritte 1 Punkt weniger als die/ der Zweite usw. Sieger ist die Mannschaft mit der höchsten Punktzahl. Bei Punktsummengleichheit entscheidet die bessere Mannschaftsnote aus der Dressur (Prfg.-Nr. 2). Ausgeschiedene Teilnehmer erhalten in der betreffenden Teilprfg. 0 Punkte. Die endgültige Meldung der teilnehmenden Mannschaft (max. 4 Teilnehmer/Pferde) muss bis 1 Std. vor der ersten Teilprfg. erfolgen. Nach diesem Termin können Teilnehmer/Pferde nicht mehr ausgetauscht werden., Einsatz: 25.00 je Mannschaft zzgl. LK-Abgabe je reservierten Startplatz

•
•
•

12. Springpferdeprüfung Kl.A **(E+400 DM,ZP)**
„Eröffnungsspringen"
Pferde: 4-5 jährige sowie 6j., die nicht in Springpferdeprfg. bzw. Spr. Kat. B u./o. höher platz. waren. **Alle Alterskl.** Richtv: 363,1, Einsatz: 18.00

13. Stilspringprüfung Kl.A **(E+400 DM,ZP)**
Gleichzeitig Qualifikationsprüfung zum Wenholthausener Spring-Reiter-Preis
Pferde: 5j.+ält. **Alle Alterskl.** LK 4,5. Richtv: 520,3a, Einsatz: 18.00

•
•
•

24. Dressur Reiter WB **(E + 200 DM,)**
Pferde: 4j.+ält. **Alle Alterskl.** LK 6, die nicht in Dressurprfg. der Kat. B dieser PLS starten. Richtv: 113 Hilfszügel gem. 70.D LPO erlaubt. Einsatz: 10.00

25. Dressurwettbewerb Kl.E **(E + 200 DM,)**
Pferde: 4j.+ält. **Alle Alterskl.** LK 0,6, die nicht in WB-Nr. 21 u./o. 22 starten. Richtv: 402,A Aufg: E3 Einsatz: 10.00

26. Spring Reiter WB **(E + 200 DM,)**
Pferde: 4j.+ält. **Alle Alterskl.** LK 0. Richtv: 114 Parcours 1 gem. II.5 Aufgabenheft 2000. Der WB findet auf dem Sandplatz (20 x 40 m) statt. Einsatz: 10.00

27. Spring Reiter WB **(E + 200 DM,)**
Pferde: 4j.+ält. **Alle Alterskl.** LK 6. Richtv: 114 Parcours 4 gem. II.5 Aufgabenheft 2000. Der WB findet auf dem Sandplatz (20 x 40 m) statt. Einsatz: 10.00

28. Stilspringwettbewerb Kl.E **(E + 200 DM,)**
Pferde: 5j.+ält. **Alle Alterskl.** LK 0. Richtv: 520,3a Der WB findet auf dem Sandplatz (20 x 40 m) statt. Einsatz: 10.00

29. Stilspringwettbewerb Kl.E **(E + 200 DM,)**
Pferde: 5j.+ält. **Alle Alterskl.** LK 6. Richtv: 520,3a Der WB findet auf dem Sandplatz (20 x 40 m) statt. Einsatz: 10.00

30. Springwettbewerb Kl.E **(E + 200 DM,)**
Pferde: 5j.+ält. **Alle Alterskl.** LK 6. Richtv: 501,Aa1 Einsatz: 10.00

•
•
•

Beispiel einer Ausschreibung

Nun wollen wir anhand eines Beispiels näher auf den Ausschreibungstext und seine Bedeutung eingehen. Hierzu nehmen wir uns im Kategorie C-Bereich die Prüfung Nummer 25 vor:

> ***25. Dressurwettbewerb Kl. E (E+200 DM)***
> ***Pferde: 4j. + ält. Alle Alterskl. LK 0,6,***
> ***die nicht in WB-Nr.21u./o. 22 starten.***
> ***Richtv: 402, A Aufg: E3 Einsatz 10.00***

So lautet der Ausschreibungstext der Prüfung Nr. 25 der abgebildeten Ausschreibung von Seite sieben und bedeutet Folgendes:

Es handelt sich hierbei um einen Dressurwettbewerb der Klasse E (E steht für Einsteiger – die wir ja nun auch sind, oder?).

▸ **E + 200 DM** besagt, dass der Sieger einen Ehrenpreis erhält und alle Platzierten einen Geldpreis, natürlich nicht jeder Platzierte 200 DM.

§ *Wie sich diese Summe unter den erfolgreichen Teilnehmern aufteilt, ist in der LPO unter den §§ 24 und 25 aufgeschrieben und kann dort nachgelesen werden.*

▸ **Pferde: 4j. + älter** bedeutet, dass in dieser Prüfung die Pferde mindestens 4 Jahre alt sein müssen, nach oben gibt es keine Altersgrenze.

▸ **Alle Alterskl. LK 0,6** besagt, dass Reiter(innen) aller Altersklassen in dieser Prüfung starten dürfen, sofern sie keinen Reitausweis besitzen und somit der Leistungsklasse 0 angehören oder Inhaber eines Reitausweises sind, allerdings nur mit der Leistungsklasse 6.

▸ **die nicht in WB-Nr. 21 u./o. 22 starten**
Hier wird zur oben beschriebenen Leistungsklassenbeschränkung noch eine weitere Einschränkung getätigt – zum einen wahrscheinlich, um das Starterfeld zahlenmäßig im Rahmen zu halten, und zum anderen, um jedem Einsteiger zu ermöglichen, die für ihn richtige Prüfung herauszusuchen und die Chance zu haben, gut abzuschneiden.

▸ **Richtv: 402, A** Des Rätsels Lösung findet ihr in der LPO und dem angegebenen Paragraphen – in Kurzform versteht man darunter das Richtverfahren, nach dem dieser Wettbewerb gerichtet wird. In diesem Fall handelt es sich um gemeinsames Richten (die beiden Richter sitzen an einem Tisch und geben gemeinsam die Noten).

▸ **Aufg: E3** Dies ist die Aufgabe, die die Teilnehmer bei diesem Wettbewerb vorreiten, zu finden ist sie im Aufgabenheft (= ausgekoppelter Bestandteil der LPO).

▸ **Einsatz 10.00** Das ist der Betrag, den ihr mit der Nennung zu entrichten habt, um an diesem Wettbewerb teilnehmen zu dürfen.

Ein Reitausweis ist für den Start in Kat. C nicht erforderlich, wie man sieht, und das Pferd muss auch nicht als Turnierpferd eingetragen sein. Also nur Mut!
In diesem Fall besitzt der Reiter natürlich keinen Nennungsscheck und das Pferd auch keine Aufkleber (wird im Zusammenhang mit Kategorie B näher beschrieben) und muss somit auf einem vorgeschriebenen Nennungsformular Kategorie C nennen, welches er vom Reiterverein, Veranstalter, der Landeskommission oder als Kopie aus dem FN – Handbuch Pferdesport bekommt.
Wer kein Reitabzeichen besitzt oder trotz bestandener Prüfung zum Deutschen Reitabzeichen Kl. IV (DRA

IV) keinen Reitausweis beantragt, wird automatisch in die Leistungsklasse 0 eingestuft.
Auf der Suche nach passenden Startmöglichkeiten (in diesem Fall ausschließlich in Kategorie C) in der Turnierausschreibung, findet man für jede Prüfung einen Hinweis, welche Leistungsklassen zugelassen sind. Steht dort LK 0, darf ein Reiter also ohne jedes Abzeichen starten.

Um auch den Ausschreibungstext im Kategorie B – Bereich kurz zu erläutern, schauen wir hierfür die Prüfung Nummer 13 genauer an:

> ***13. Stilspringprüfung Kl. A (E+400 DM, ZP)***
> ***Gleichzeitig Qualifikationsprüfung zum Wenholthausener Spring-Reiter-Preis***
> ***Pferde: 5j. + ält. Alle Alterskl. LK 4,5. Richtv: 520, 3a, Einsatz: 18.00***

Es handelt sich hierbei um eine Stilspringprüfung der Klasse A (das A steht für Anfänger – aber Vorsicht, hier handelt es sich trotzdem schon um eine sehr anspruchsvolle Aufgabe, die es zu bewältigen gilt!)

▸ **E+400 DM, ZP:** besagt, dass der Sieger einen Ehrenpreis erhält und alle Platzierten einen Geldpreis, natürlich auch hier nicht jeder Platzierte die gesamten 400 DM. Wie sich diese Summe unter den erfolgreichen Teilnehmern aufteilt, kann auch wieder jeder in der LPO unter den § 24 und 25 nachlesen. Zusätzlich bekommen alle Züchter der Pferde auf den Plätzen eins bis vier noch eine sogenannte Züchterprämie (dafür steht nämlich das ZP) – die richtet sich auch nach dem ausgeschriebenen Geldpreis und wird prozentual davon ausgezahlt.

§ *Näheres dazu findet sich in der LPO unter § 28.*

▸ **Gleichzeitig Qualifikationsprüfung zum Wenholthausener Spring-Reiter-Preis** heißt: Aufgepasst – hier gehört noch eine Prüfung dazu, bei der eine bestimmte Anzahl der besten Teilnehmer aus dieser Prüfung noch einmal starten können, um den „Besten der Besten" zu ermitteln.

▸ **Pferde: 5j. + älter:** Die Pferde müssen mindestens fünf Jahre alt sein, nach oben keine Altersgrenze.

▸ **Alle Alterskl. LK 4,5** besagt, dass Reiter aller Altersklassen in dieser Prüfung starten dürfen, die Inhaber eines gültigen Reitausweises sind und dadurch in der entsprechend geforderten Leistungsklasse – in diesem Fall 4 und 5 – eingestuft sind.

▸ **Richtv: 520, 3a** bedeutet so viel, dass es sich hierbei um eine Spezialspringprüfung handelt, genauer gesagt um eine Stilspringprüfung, bei der Sitz und Einwirkung des Reiters bewertet werden. Von der Wertnote werden die Strafpunkte abgezogen. Auch dieses könnt ihr ausführlich unter dem erwähnten Paragraphen in der LPO nachlesen. Ihr solltet euch sowieso immer mal wieder mit der LPO beschäftigen, so ganz nach dem Motto: „Man muss nicht alles wissen, man muss nur wissen, wo es steht." Aber auch das will gelernt sein, denn mit der LPO zurechtzukommen, ist manchmal gar nicht so einfach – Übung macht eben doch den Meister, wie in allen Bereichen.

▸ **Einsatz 18.00:** Auch in Prüfungen der Kategorie B ist wieder ein Betrag, den ihr mit der Nennung zu entrichten habt, fällig, um an der Prüfung teilnehmen zu dürfen. Wundert euch nicht, denn der ist immer höher als bei den Wettbewerben, weil auch der ausgezahlte Geldpreis höher ist. Logische Folgerung: Je schwerer die Prüfung, desto höher der Geldpreis und desto höher ist auch das Nenngeld (der Einsatz).

Teilnahme in höheren Kategorien

Für den Start in Prüfungen der Kategorie B (das sind Prüfungen der Klassen A bis M) und der Kategorie A (Prüfungen der Klasse M und höher) sind also, wie ihr nun sicherlich schon bemerkt habt, mehr Voraussetzungen zu erfüllen, aber die nächsten Zeilen sollen helfen, nicht gleich den Kopf in den Sand zu stecken – auch diese Voraussetzungen sind zu erfüllen.

Voraussetzung Reitabzeichen

Zur o.g. Mitgliedschaft in einem Reiterverein kommt bei der Teilnahme in den höheren Kategorien hinzu, dass der Teilnehmer im Besitz eines gültigen Reiterausweises ist und in der entsprechenden Leistungsklasse eingestuft ist, die laut Ausschreibung für die jeweiligen Prüfungen vorgeschrieben sind, das Pferd muss als Turnierpferd eingetragen sein.

Der Reiterausweis kann nach bestandener Prüfung des Deutschen Reitabzeichens bei der Deutschen Reiterlichen Vereinigung e.V. (FN) Abteilung Sport beantragt werden. Die Einstufung in die entsprechende Leistungsklasse entspricht den erfüllten Kriterien:

Ein Reiter, der die Prüfung zum Deutschen Reitabzeichen (DRA) Kl. IV (Anforderungen der Klasse E) erfolgreich abgeschlossen hat, kann die Erstausstellung eines Reiterausweises beantragen und wird automatisch in allen drei Disziplinen:

Springen (S), Dressur (D) und Vielseitigkeit (V) in die Leistungsklasse 6 eingestuft. Mit dieser Leistungsklasse kann er sowohl in Prüfungen der Kategorie C starten (sofern dies entsprechend in der Ausschreibung angegeben ist) als auch in Prüfungen der Klasse A in Kategorie B (ebenfalls lt. Ausschreibungstext).

Wichtig

Das Formular

„Antrag auf Erst-Ausstellung eines Reitausweises" erhaltet ihr ebenfalls bei der:
Deutschen Reiterlichen Vereinigung e.V. (FN)
Bereich Sport
48229 Warendorf

An
Deutsche Reiterliche Vereinigung e.V. (FN) Bereich Sport
(Anschrift siehe Rückseite)

Antrag auf Erst-Ausstellung eines

☐ Reit- ☐ Fahr- Ausweis für 20__

Name und Anschrift bitte in **Druckschrift!**

Deutsche Reiterliche Vereinigung, 48229 Warendorf

Name, Vorname

Straße, Hausnummer

Geburtsname

Postleitzahl

Wohnort

Tel.-Nr.:

Geburtsdatum: T T M M J J J J

Falls Ausländer, Staatsangehörigkeit:
(Rückseite beachten!)

Einstufung...

Disziplin	in **LKL 6** (bitte ankreuzen)	in **LKL D5/S5/V3/F5** (bitte ankreuzen)	in eine **höhere LKL** (bitte als Zahl eintragen)
Dressur	☐	☐	☐
Springen	☐	☐	☐
Vielseitigkeit	☐	☐	☐
Fahren	☐	☐	☐

- Für die Beantragung der **LKL 6** bitte eine **Kopie** der **Reit-/Fahr-Abzeichen-Urkunde** der **Klasse IV** (kleines Reit-/Fahr-Abzeichen **oder** der **Klasse III** (Bronzenes Reit-/Fahr-Abzeichen) zur Teilnahme nur an LP der Klasse A/Kat. B oder WB/Kat. C beifügen.
- Für die Beantragung der **LKL D5/S5/V3/F5** bitte eine **Kopie** der Reit-/Fahr-Abzeichen-Urkunde der **Klasse III** (Bronze) zur generellen Teilnahme an LP der Kat. B und A beifügen.
- Für die Beantragung einer **höheren Leistungsklasse** bitte eine **Kopie** der Reit-/Fahr-Abzeichen-Urkunde der **Klasse II** (Silber) **oder** des **Ausbilderzeugnisses** für die generelle Teilnahme an LP der Kat. B und A beifügen.

Kombinationen der Leistungsklassen sind möglich.

Stammitgliedschaft im Reit-/Fahrverein: ____________

Vereinskennziffer

(Vereinsstempel)

Unterschrift

Ich erkenne die Leistungs-Prüfungs-Ordnung (LPO) der Deutschen Reiterlichen Vereinigung e.V. (FN) in der jeweils gültigen Fassung als verbindlich an und verpflichte mich, stets - auch außerhalb von Turnieren - die anerkannten Ausbildungsgrundsätze, Richtlinien und Beschlüsse der FN zu befolgen, insbesondere mein Pferd nicht unreiterlich zu behandeln. Verstöße können den Entzug des Reit-/Fahrausweises zur Folge haben (§ 20 LPO) und mit Ordnungsmaßnahmen (§§ 920 ff LPO) geahndet werden.

Datum

Unterschrift des Reiters/Fahrer

Unterschrift des gesetzlichen Vertreters bei Minderjährigen

(bitte wen

Mit freundlicher Genehmigung der Deutschen Reiterlichen Vereinigung

Die nächsthöhere Leistungsklasse (LK 5) kann durch den Erwerb des Deutschen Reitabzeichens Kl. III (DRA III = Anforderungen der Klasse A) erreicht werden. Allerdings müssen Reiter zur Einstufung in D5 / S5 / V3 eine Lizenzprüfung auf einem „normalen" Reitturnier ablegen. Diese wird erfüllt (mit dem aktuellen Reiterausweis LK D6 / S6 / V6) durch eine Dressur- bzw. Dressurreiterprüfung / Stilspringprüfung / Stilgeländeritt Kl. A mit mindestens einer Wertnote von 5,0 (die auch zum Bestehen des DRA III und auch DRA IV gefordert ist). Der Nachweis ist über einen Eintrag im Abzeichenheft durch den Richter oder eine Platzierung zu erbringen. Ausschließlich durch Erfolge kann ein Reiter nicht von der Leistungsklasse 6 in Leistungsklasse 5 gelangen.

Von LK 5 in LK 4 kann man auf zweierlei Weise gelangen. Zum einen durch entsprechend geforderte Erfolge in den Klassen A und L, zum anderen durch die erfolgreich abgeschlossene Prüfung zum DRA II (Anforderungen der Klasse L mit der Mindestnote von 6,5 in allen Teilprüfungen).

Es ist also möglich, in den Disziplinen Dressur, Springen und Vielseitigkeit in unterschiedlichen Leistungsklassen eingestuft zu sein. Das sieht dann auf dem Nennscheck (siehe rechts unten) des Reiters wie hier abgebildet aus! Die Leistungsklasse 6 ist mit anderen Leistungsklassen kombinierbar:

Beispiel Dressur D 4 / Springen S 6 / Vielseitigkeit V 6. Dies ermöglicht, sich in der Dressur bereits in der Klasse L zu versuchen und gleichzeitig noch in Springen der Klasse E und E-Vielseitigkeiten Erfahrungen zu sammeln.

Hier noch eine kurze Zusammenfassung der Abzeichen, die wie folgt zur Einstufung berechtigen:

LPO kompakt

LK 0 = Reiter ohne Reiterausweis
startberechtigt in Kat. C (lt. Ausschreibungstext)
LK 6 = Reiter mit DRA IV inkl. Reiterausweis
startberechtigt in Kat. C und Kat. B in Prüfungen der Klasse A (muss im Ausschreibungstext stehen)
LK 5 = Reiter mit DRA III + Lizenzprüfung inkl. Reiterausweis
startberechtigt in Kategorie B in Prüfungen der Klasse A und L (lt. Ausschreibung)
LK 4 = Einstufung durch Erfolge oder Reiter mit DRA II inkl. Reiterausweis
startberechtigt in Kat. B u. A in Prüf. der Kl. A bis L

Was sonst noch so „geleistet" werden muss, um ein Leistungsabzeichen zu bestehen, könnt ihr auch selber einmal ein der APO nachschauen! Denn auch mit der APO sollte (M)an(n), Frau, Jugendlicher, Kind umgehen können, wenn er, sie, es sich dem Pferdesport verschrieben hat.

Wichtig

Achtung! Bevor ein Reiter eine Abzeichenprüfung angehen kann, muss er die Basispass-Prüfung erfolgreich abgelegt haben!

PNR: 1234321 Rei.64 2001 432-1
Fils, Maria
Oedingerberg 4
57368 Lennestadt
4499882 RV St. Hubertus Wennetal
D4 S6 V6

Mit der Abgabe der Nennungen werden zugleich für alle an der Turnierteilnahme der Pferde beteiligten Personen (z. B. Besitzer, Ausbilder, Reiter/Fahrer/Longenführer/Voltigierer, Pfleger) die LPO (Deutschland)/die TO (Luxemburg), die Ausschreibung sowie die für diese Veranstaltung gültigen Allgemeinen und Besonderen Bestimmungen als verbindlich anerkannt.

Tag/Unterschrift des Nenners | Telefonnummer

Hier noch mal eine kurze Übersicht von den Abzeichen im Reitsport:

Abzeichen	**Einstufung.....**
DRA IV	..... in D 6 / S 6 / V 6
DRA III + Lizenzprüfung	..... in D 5 / S 5 / V 3
DRA III Dressur (ab 22 Jahre möglich; Anforderung: Dressurreiterprüf. Kl. L + Reiten im leichten Sitz o.Ä)	..... in D 5
DRA III Springen (ab 22 Jahre möglich; Anforderungen: Stilspringprüfung Kl. L + springmäßige Dressurarbeit o.Ä.)	..... in S 5
DRA II (oder aufgrund von Erfolgen s. APO)	..... in D 4 / S 4
DRA II Dressur (Anforderung: Dressurreiterprüf. Kl. M)	..... in D 4
DRA II Springen (Anforderungen: Stilspringprüfung Kl. M)	..... in S 4
DRA I (Silber mit Lorbeer) (oder aufgrund von Erfolgen)	..... in D 3 / S 3
DRA I Dressur (Anforderung: Dressurprüf. Kl. S)	..... in D 3
DRA I Springen (Anforderungen: Springprüfung Kl. S)	..... S 3

P.S. Dieser Teil des Kastens ist rot unterlegt, da er sich auf die APO – die Ausbildungsprüfungsordnung – bezieht, und dieses Regelwerk im Pferdesport ist rot.

Die jährliche Wiederausstellung des Reiterausweises erfolgt automatisch. Jeder Reitausweisinhaber, der bei der FN geführt wird, bekommt Ende des Jahres in Form einer Postkarte einen Antrag auf Wiederausstellung zugesandt, den er auf Richtigkeit prüft, vom Stammverein abstempeln und unterschreiben lässt und anschließend an die FN zurücksendet. Parallel hierzu muss er die fällige Fortschreibungsgebühr überweisen (Überweisungsformular liegt dem Antrag stets bei) und erhält dann das neue Nennungsscheckheft, welches er auf jeden Fall zum Nennen in der Kategorie B benötigt. Außerdem beinhaltet das Nennungsscheckheft eine Anzahl wichtiger Informationen, die z.B. direkt darüber Aufschluss geben, in welcher Leistungsklasse der Reiter eingestuft ist, welches die höchste Prüfung ist, die er bisher erfolgreich absolviert hat etc. Auf ähnlichem Wege (mit vorheriger Überweisung) erhält auch jeder Pferdebesitzer die Aufkleber für sein(e) Pferd(e).

Und nach so viel Theorie, hier ein ausgefüllter und direkt erklärter Nennscheck mit allem, was dazu gehört:

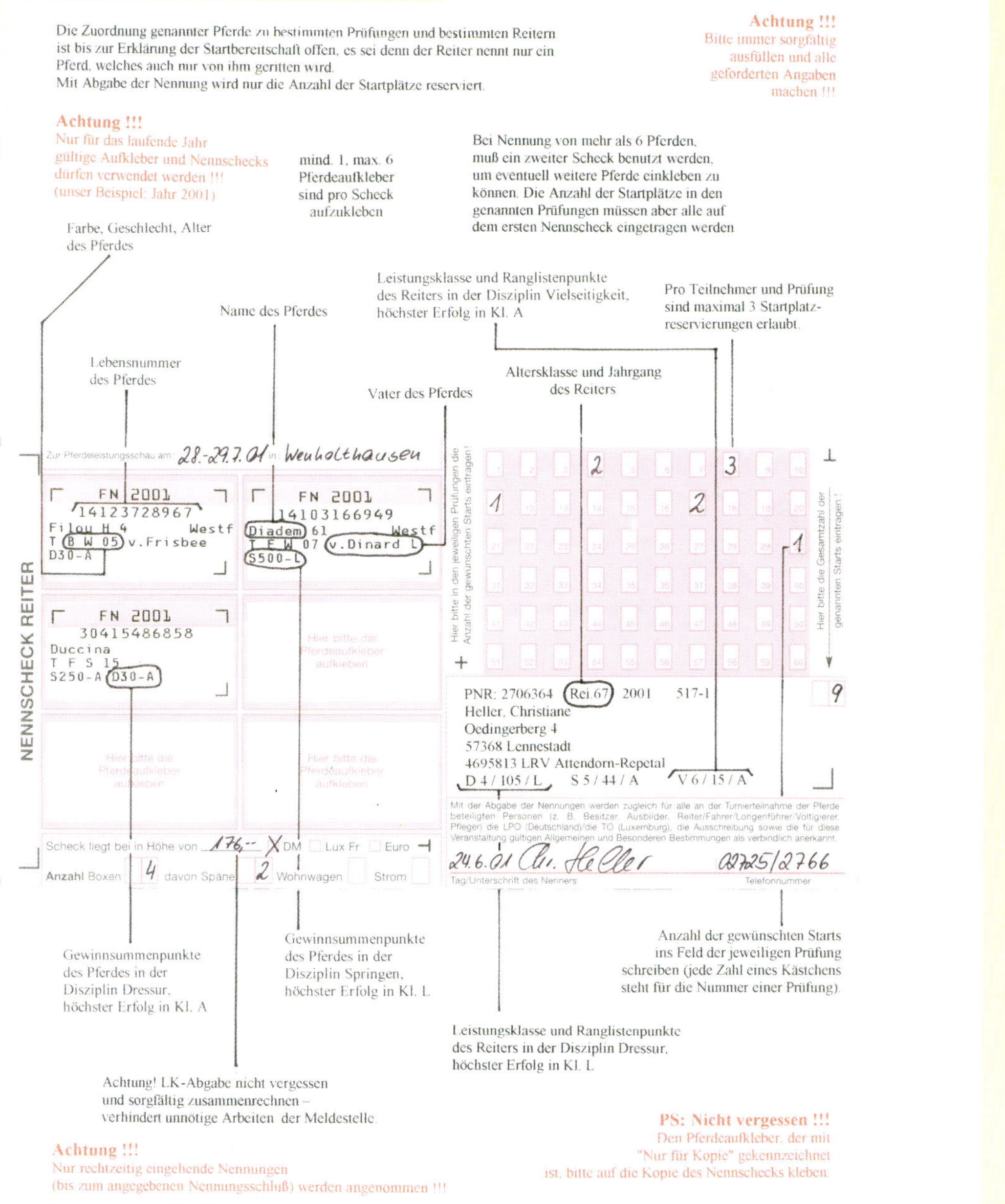
Die Zuordnung genannter Pferde zu bestimmten Prüfungen und bestimmten Reitern ist bis zur Erklärung der Startbereitschaft offen, es sei denn der Reiter nennt nur ein Pferd, welches auch nur von ihm geritten wird.
Mit Abgabe der Nennung wird nur die Anzahl der Startplätze reserviert.

Achtung !!!
Bitte immer sorgfältig ausfüllen und alle geforderten Angaben machen !!!

Achtung !!!
Nur für das laufende Jahr gültige Aufkleber und Nennschecks dürfen verwendet werden !!!
(unser Beispiel: Jahr 2001)

mind. 1, max. 6 Pferdeaufkleber sind pro Scheck aufzukleben

Bei Nennung von mehr als 6 Pferden, muß ein zweiter Scheck benutzt werden, um eventuell weitere Pferde einkleben zu können. Die Anzahl der Startplätze in den genannten Prüfungen müssen aber alle auf dem ersten Nennscheck eingetragen werden

Farbe, Geschlecht, Alter des Pferdes

Name des Pferdes

Leistungsklasse und Ranglistenpunkte des Reiters in der Disziplin Vielseitigkeit, höchster Erfolg in Kl. A

Pro Teilnehmer und Prüfung sind maximal 3 Startplatzreservierungen erlaubt.

Lebensnummer des Pferdes

Vater des Pferdes

Altersklasse und Jahrgang des Reiters

NENNSCHECK REITER

Zur Pferdeleistungsschau am: 28.-29.7.01 in: Wenholthausen

FN 2001
14123728967
Filou H 4 Westf
T B W 05 v.Frisbee
D30-A

FN 2001
14103166949
Diadem 61 Westf
T F W 07 v.Dinard L
S500-L

FN 2001
30415486858
Duccina
T F S 15
S250-A D30-A

Hier bitte die Pferdeaufkleber aufkleben

Hier bitte in den jeweiligen Prüfungen die Anzahl der gewünschten Starts eintragen!

Hier bitte die Gesamtzahl der genannten Starts eintragen!

PNR: 2706364 Rei.67 2001 517-1
Heller, Christiane
Oedingerberg 4
57368 Lennestadt
4695813 LRV Attendorn-Repetal
D 4 / 105 / L S 5 / 44 / A V 6 / 15 / A

Mit der Abgabe der Nennungen werden zugleich für alle an der Turnierteilnahme der Pferde beteiligten Personen (z. B. Besitzer, Ausbilder, Reiter/Fahrer/Longenführer/Voltigierer, Pfleger) die LPO (Deutschland)/die TO (Luxemburg), die Ausschreibung sowie die für diese Veranstaltung gültigen Allgemeinen und Besonderen Bestimmungen als verbindlich anerkannt.

Scheck liegt bei in Höhe von 176,– X DM Lux Fr Euro

Anzahl Boxen 4 davon Späne 2 Wohnwagen Strom

24.6.01 Chr. Heller 02725/2766
Tag/Unterschrift des Nenners Telefonnummer

Gewinnsummenpunkte des Pferdes in der Disziplin Dressur, höchster Erfolg in Kl. A

Gewinnsummenpunkte des Pferdes in der Disziplin Springen, höchster Erfolg in Kl. L

Anzahl der gewünschten Starts ins Feld der jeweiligen Prüfung schreiben (jede Zahl eines Kästchens steht für die Nummer einer Prüfung).

Leistungsklasse und Ranglistenpunkte des Reiters in der Disziplin Dressur, höchster Erfolg in Kl. L

Achtung! LK-Abgabe nicht vergessen und sorgfältig zusammenrechnen – verhindert unnötige Arbeiten der Meldestelle.

PS: Nicht vergessen !!!
Den Pferdeaufkleber, der mit "Nur für Kopie" gekennzeichnet ist, bitte auf die Kopie des Nennschecks kleben.

Achtung !!!
Nur rechtzeitig eingehende Nennungen (bis zum angegebenen Nennungsschluß) werden angenommen !!!

Mit freundlicher Genehmigung der Deutschen Reiterlichen Vereinigung

Wer im vergangenen Jahr einen Reiterausweis hatte, für die neue Saison aber darauf verzichten möchte, braucht nichts weiter zu tun, als seinen Fortschreibungsantrag zu ignorieren.
Das Reitabzeichen verfällt nicht. Selbst dann, wenn die Abzeichenprüfung schon einige Jahre zurückliegt, gibt es keinerlei Schwierigkeiten bei der Ausstellung. Hier noch mal eine kurze Übersicht von den Abzeichen im Reitsport:

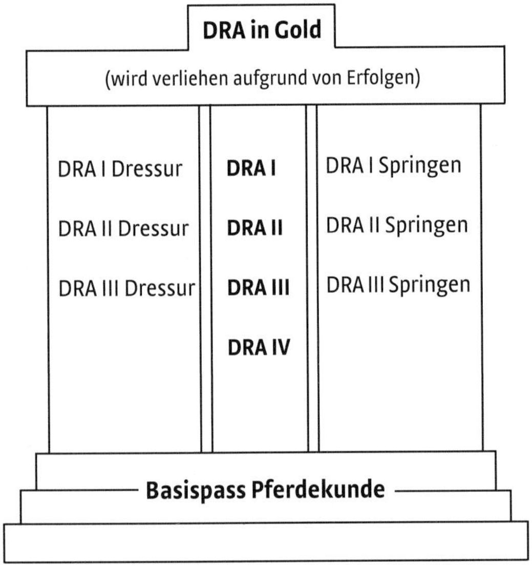

Die mittlere Säule macht den „klassischen Weg" deutlich, denn jeder Reiter sollte bemüht sein, sich und sein Pferd vielseitig auszubilden und sich nicht zu früh auf eine Sparte zu spezialisieren.

Der Vollständigkeit halber – an dieser Stelle auch noch die sogenannte Organisationspyramide.
Natürlich erwirbt ein Reiter das eigene Abzeichen meist im heimatlichen Verein und vertritt diesen auch bei Turnieren. Dafür, dass all das aber überhaupt möglich ist, sind noch viele weitere Personen und Institutionen nötig.
Die folgende Grafik gibt einen kleinen Überblick über Zusammenhänge und Organisationsstruktur:

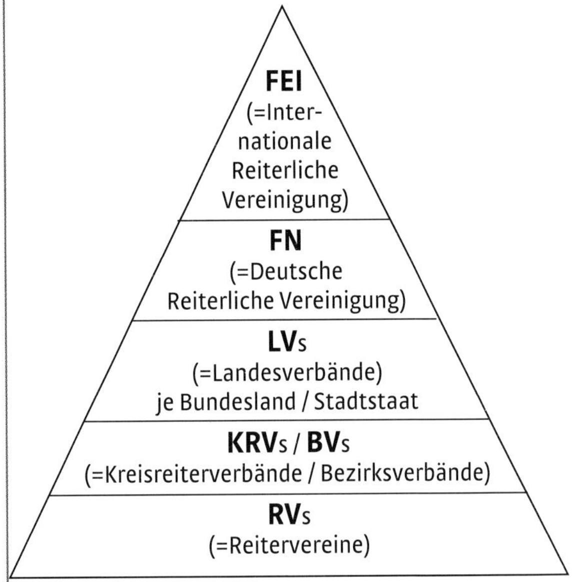

P.S.
Die Aufgaben der jeweiligen Ebenen könnt ihr ja mal bei eurem Vereinsvorstand erfragen, der müsste euch eine Antwort darauf geben können!

Voraussetzungen für Pferde und Ponys: Equidenpass und Impfpflicht

Achtung! Die nun folgenden Infos müssen unbedingt durchgearbeitet werden, da sie turbo wichtig sind!!!

Seit dem 1. Januar 2000 müssen alle Pferde und Ponys (nicht nur Turnierpferde und -ponys) einen Equidenpass haben. Er ist durchaus vergleichbar mit unserem Personalausweis, wenn er auch viel mehr Informationen enthält. Und genau dazu jetzt mehr:
Pferde und Ponys, die an Turnieren teilnehmen sollen, müssen zusätzlich in vorgegebenen Abständen gegen Influenzavirusinfektion geimpft sein, sonst werden sie bei Veranstaltungen nicht zugelassen oder bei fehlendem Nachweis disqualifiziert.
Die Einhaltung der Impfpflicht und die Mitführung des Equidenpasses ist also zwingend notwendig und eine Kontrolle erfolgt durch den Turniertierarzt stichprobenartig.
Sollte ein Pferd zuvor noch nie oder unregelmäßig geimpft worden sein, muss eine Grundimmunisierung durchgeführt werden, die durch den Eintrag eines Tierarztes bestätigt wird. Zur Grundimmunisierung gehören drei Impfungen. Der Abstand zwischen der ersten und der zweiten Impfung sollte mindestens vier Wochen und maximal acht Wochen betragen und die dritte Impfung muss im Abstand von sechs Monaten zur zweiten Impfung erfolgen. Wiederholungsimpfungen gegen Influenzavirusinfektionen müssen im Abstand von sechs Monaten erfolgen und werden entsprechend in dem Equidenpass eingetragen.
Der Equidenpass enthält jedoch nicht nur Eintragungen zu den Impfungen, der 40-seitige Pass im DIN A5 – Format enthält auch noch Angaben über:

- Name, Rasse, Geschlecht
- Lebensnummer
- Züchter und Besitzer
- Nummernbrand, Zuchtbrand, Mikrochip und/oder Tätowierung
- Pedigree (wenn dies bekannt ist)
- Grafik und/oder Beschreibung von Farbe und Abzeichen
- Zuchtbucheintragungen für Stuten und Hengste
- Ergebnisse von Eigenleistungsprüfungen
- Sportinformationen
- Messbescheinigung für Ponys (Stockmaß)
- Identitätskontrollen
- Medikationskontrollen
- Gesundheitskontrollen

Dieser Pass ist auch vergleichbar mit dem Kraftfahrzeugschein bei einem Auto und muss ebenso stets mitgeführt werden und so wie man für ein Auto noch einen Fahrzeugbrief hat, erhält jedes Pferd eine Eigentumsurkunde, die separat aufzubewahren ist. Sie enthält Angaben über Geschlecht, Rasse, Züchter, Lebensnummer, Nummernbrand, Farbe, Geburtsdatum, Brandzeichen und das Pedigree über drei Generationen. Diese Eigentumsurkunde (siehe Seite 16) wird beim Verkauf des Pferdes benötigt und wird zusammen mit dem Pferdepass dem neuen Eigentümer übergeben.

Eigentlich doch ganz leicht und verständlich, es ist aber auch kein Problem, das Ganze wiederholt zu lesen – bis es wirklich sitzt!
Vielleicht hilft es auch, sich eine eigene Checkliste zu machen oder alles Wichtige bezüglich der Impfungen in einen separaten Kalender einzutragen! Oder man spricht das mit seinem Tierarzt durch, der bestimmt gerne behilflich ist.

EIGENTUMSURKUNDE

CERTIFICATE OF OWNERSHIP · ACTE DE PROPRIÉTÉ

Name des Pferdes: Anton
Name/Nom

Geschlecht: Hengst
Sex/Sexe

Rasse: Westfale
Breed/Race

Züchter: 413501
Breeder/Eleveur
Gast, Christiane

Oedingerberg 4

57368 Lennestadt

Lebensnummer: 411883799
Identification No./No. d'identification

Farbe: Fuchs
Colour/Robe

Geburtsdatum: 28.05.1999
Date of birth/Date de naissance

Zuchtbrand: W
Brand/Marque au fer rouge

Nummernbrand: 37
Brand number/Marque d'un numéro au fer rouge

Mikrochip (Nummer):
Microchip (number)/Puce électronique (numéro)

Vater/Sire/Père

Aquilino
330725894 (Old)
Braun

Argentinus 313302680 (Hann) B	Argentan 310415867 (Hann) B
	St.Pr.St. Hauptstutbuch Dorle 316918465 (Hann) F
St.Pr.St. Hauptstutbuch Journesse 330160588 (Old) F	Zeus 330448672 (Ang.N) F
	St.Pr.St. Hauptstutbuch Juliane III 330084673 (Old) F

Mutter/Dam/Mère

Hauptstutbuch
Farina
410739981 (Westf)
Fuchs

Frühlingstraum I 410170164 (Westf) B	Frühling 410159860 (Westf) Db
	Hauptstutbuch Abendkind 411416460 (Westf) F
Hauptstutbuch Dolores 411886670 (Westf) B	Damhirsch 410163362 (Hann) F
	Hauptstutbuch Rakete 411590364 (Westf) Schi

Erläuterungen/Note/Commentaire

Die Eigentumsurkunde steht demjenigen zu, der Eigentümer des Pferdes i.S. des BGB ist. Sie ist daher bei Veräußerung des Pferdes zusammen mit dem ebenfalls zum Pferd gehörigen Pferdepass dem neuen Eigentümer zu übergeben und bei Tod des Tieres an den ausstellenden Verband zurückzugeben. Bei Verlust dieser Urkunde ist ausschließlich der ausstellende Verband berechtigt, eine als Zweitschrift gekennzeichnete Ersatzurkunde auszustellen.
Bitte diese Urkunde getrennt von dem Pferdepass aufbewahren!

The person is entitled to the Certificate of Ownership is the owner of the horse as defined by the BGB (German Civil Code). In case of sale, it must be handed over to the new owner together with the horse passport. In case of death of the horse, it must be handed over to the issuing association. In case of loss of this certificate, only the issuing association is authorized to issue a replacement which shall be marked as a duplicate.
Please keep this certificate of owner separately from the horse passport!

L'acte de propriété revient à la personne qui est propriétaire du cheval, comme défini par le Code civil "BGB". C'est pourquoi, en cas de vente du cheval, il doit être remis avec le passeport au nouveau propriétaire. En cas de mort du cheval, il doit être redonné à l'association délivrante. En cas de perte de cet acte, seulement l'association délivrante a le droit de délivrer un acte de remplacement, marqué comme duplicata.
Cet acte de propriété doit être gardé séparement du passeport du cheval.

Westfälisches Pferdestammbuch Münster

D 48157 Münster, den 14.02.2000

Ort, Ausstellungsdatum, Unterschrift, Stempel des Zuchtverbandes/Beauftragten
Place, date, signature, stamp of the breeding society/commissioner
Place, date, signature, cachet de l'association d'élevage/commissionaire

Westfälisches Pferdestammbuch e.V.
Südmühlenstr. 31 - 35 · 48157 Münster-Handorf

Ausgestellt durch
Issued by
Etabli par

Wie bekommt man einen Pferdepass?

Kommen wir zu der konsequenten Frage, wie bekomme ich für mein Pferd einen Equidenpass?

- Seit 1998 erhalten alle neugeborenen, bei den Zuchtverbänden registrierten Fohlen von ihrem Zuchtverband einen Pferdepass mit roter Hülle.
- Für Pferde, die vor 1998 geboren wurden und bereits als Turnierpferde eingetragen sind, erhält man mit der Fortschreibung automatisch einen Pferdepass mit grüner Hülle. Dieser Pass enthält alle Angaben, die bei der FN in der EDV registriert sind, aber keinen Abstammungsnachweis.

Damit aber leider nicht genug der Varianten:

- Für Pferde, die eine Zuchtbescheinigung (Papiere) von einem der FN angeschlossenen Zuchtverband haben, erhalten die Besitzer auf Wunsch einen Pass inkl. Abstammungsnachweis in roter Hülle, diese Pferde sind dann aber auch noch nicht als Turnierpferd eingetragen und haben auch noch keinen grünen Pass und bekommen dann auch selbstverständlich zusätzlich keinen Pass in grüner Hülle.
- Für Pferde, die in Deutschland geboren sind und die eine Zuchtbescheinigung (Papiere) von einem der der FN angeschlossenen Zuchtverbände (Liste I/II) hat, bekommt man von der FN einen Pass mit grüner Hülle (oder von dem jeweiligen Zuchtverband auf Antrag einen Pass mit roter Hülle – s.o.)
- Für Pferde, die im Ausland geboren (und – der Vollständigkeit halber – in die Liste III eingetragen sind), wird ein Pass mit grüner Hülle ausgestellt. Die Eintragung erfolgt nach dem üblichen Verfahren: Die Pferde müssen durch einen Nummernbrand oder Chip oder eine Tätowierung eindeutig identifizierbar sein, außerdem müssen Farbe und Abzeichen eingetragen werden. Dies machen die Beauftragten der Zuchtverbände bzw. der Landeskommissionen.

Damit habt ihr als Breitensportler eurer Meinung nach nichts zu tun?!? – Fehlanzeige!!!

Wichtig!

Alle Pferde, die nicht am Turniersport teilnehmen oder nur in Kategorie C starten, müssen ebenfalls einen Equidenpass haben/bekommen, denn das Dokument zur Identifikation ist für alle (bei der FN oder den Zuchtverbänden) registrierten oder registrierbaren Pferde vorgeschrieben.
– Selbst Esel benötigen einen Equidenpass.

Die „Verwandtschaft mit den langen Ohren“

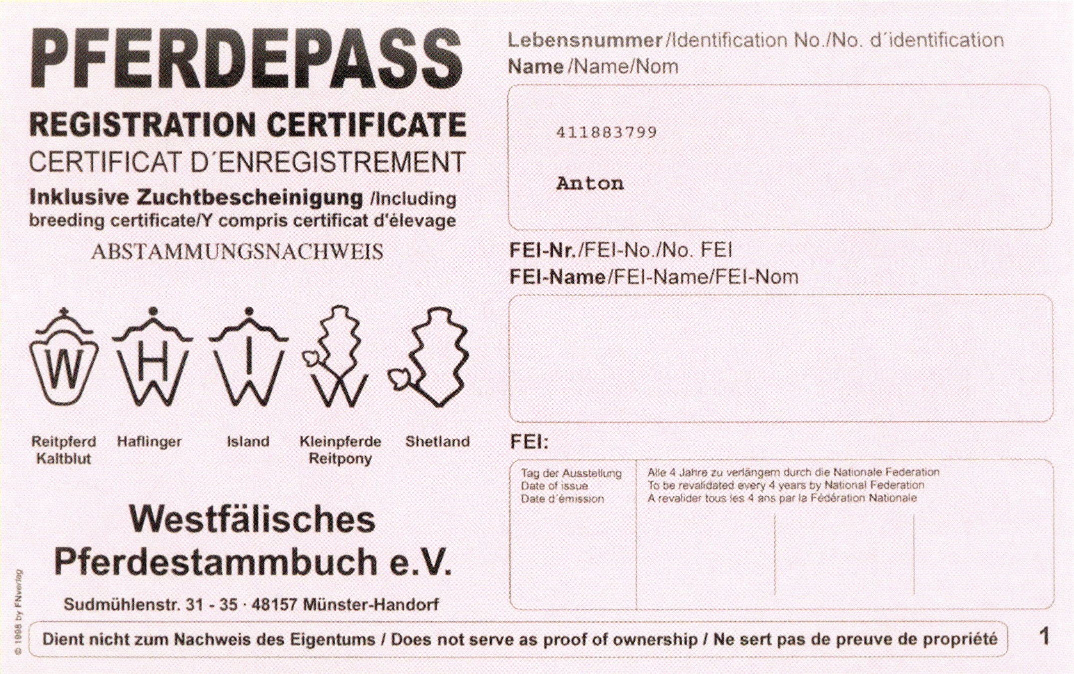

PFERDEPASS

REGISTRATION CERTIFICATE

CERTIFICAT D´ENREGISTREMENT

Inklusive Zuchtbescheinigung /Including breeding certificate/Y compris certificat d'élevage

ABSTAMMUNGSNACHWEIS

Reitpferd Kaltblut | Haflinger | Island | Kleinpferde Reitpony | Shetland

Westfälisches Pferdestammbuch e.V.

Sudmühlenstr. 31 - 35 · 48157 Münster-Handorf

© 1998 by FNverlag

Lebensnummer/Identification No./No. d´identification

Name/Name/Nom

411883799

Anton

FEI-Nr./FEI-No./No. FEI

FEI-Name/FEI-Name/FEI-Nom

FEI:

Tag der Ausstellung Date of issue Date d´émission	Alle 4 Jahre zu verlängern durch die Nationale Federation To be revalidated every 4 years by National Federation A revalider tous les 4 ans par la Fédération Nationale

Dient nicht zum Nachweis des Eigentums / Does not serve as proof of ownership / Ne sert pas de preuve de propriété

1

Hier noch mal eine kurze Zusammenfassung bzgl. Equidenpass / Pferdepass mit „roter" bzw. „grüner" Hülle:

Schön, wenn man einfach nur mitfahren darf und mit dem ganzen „Papierkram" nichts zu tun hat.

Einen Pferdepass (Equidenpass) mit roter Hülle und rotem Papier

- erhalten alle Pferde, die ab 1998 in Deutschland geboren wurden/werden automatisch, sofern sie als Fohlen im Zuchtverband registriert werden.
- erhalten alle Pferde, die vor 1998 geboren wurden und noch nicht als Turnierpferde eingetragen wurden und dadurch bereits einen Pass mit grüner Hülle haben.

PFERDEPASS

HORSE PASSPORT

PASSEPORT POUR CHEVAUX

Dient nicht als Zuchtbescheinigung / Does not serve as breeding certificate / Ne sert pas de certificate d'élevage

FN

Deutsche Reiterliche Vereinigung e.V.

Lebensnummer/Identification No./No. d'identification

Name/name/nom

041548685

Duccina

FEI-Nr./FEI-No./No. FEI

FEI-Name/FEI-Name/FEI-nom

FEI:

Tag der Ausstellung Date of issue Date d'émission	Alle 4 Jahre zu verlängern durch die Nationale Federation To be revalidated every 4 years by National Federation A revalider tous les 4 ans par la Fédération Nationale

Dient nicht zum Nachweis des Eigentums / Does not serve as proof of ownership / Ne sert pas de preuve de propriété

1

Mit freundlicher Genehmigung der Deutschen Reiterlichen Vereinigung

Einen Equidenpass mit weißlichem Papier und grüner Hülle

- erhalten alle Pferde, die vor 1998 geboren wurden und keinen Pass mit roter Hülle vom Zuchtverband bekommen haben und somit sofort bei der FN als Turnierpferd eingetragen werden sollen.
- erhalten alle Pferde, die bereits als Turnierpferd eingetragen sind, automatisch mit der Fortschreibung für das nächste Jahr (sofern noch nicht geschehen).
- erhalten alle Pferde, die im Ausland geboren wurden und in die Liste III für Turnierpferde eingetragen werden.
- erhalten alle Pferde ohne Papiere, die bei der FN registriert / gemeldet werden müssen.

Nun stellt sich vermutlich die Frage: „Warum so viel Bürokratie und was haben ich und mein Pferd überhaupt vom Equidenpass?"

- Der Pass ist die Grundlage für die Eintragung als Turnierpferd national (FN) und international (FEI);
- er fördert die Eigentumssicherheit;
- er ist Dokument über die Identität des Pferdes;
- er vereinfacht Kauf und Verkauf des Pferdes und bietet größere Sicherheit beim Pferdekauf, weil die Vorgeschichte des Pferdes im Pass dokumentiert ist;
- er informiert über Impfungen, Medikations- und Gesundheitskontrollen bzw. Laboruntersuchungen und dient als Sicherheitsdokument bei eventuellen Seuchen (und zwar auch solchen, die nicht unmittelbar die Pferde betreffen, wie z. B. die Schweinepest);
- er ist Nachweis über den gesundheitlichen Status des Pferdes;

- der Pass mit der roten Hülle dokumentiert die Eintragung in Zuchtbücher und weist Ergebnisse von Leistungsprüfungen aus;
- er ist Grundlage für alle Recherchen bei Diebstahl des Pferdes, außerdem werden Pferdediebstahl und unberechtigter Weiterverkauf deutlich erschwert, weil alle Pferde eindeutig identifizierbar sind und diese Informationen erfasst wurden;
- er dokumentiert bei Ponys das Stockmaß.

Merke

Die Kurzform lautet hier:
Egal wie (un-)einsichtig der Zweibeiner – ohne Equidenpass läuft gar nichts beim Vierbeiner!!!

Hier lief's offensichtlich besonders gut!

Denn der einsatzhabende Tierarzt auf einem Reitturnier ist nicht nur für Unfälle, die zu „tierischen" Verletzungen geführt haben, zuständig. Er ist ebenso wie der Hufschmied, der für abgetretene und lose Hufeisen zuständig ist, vor Ort , um die erforderlichen Kontrollen (u. a. über die Richtigkeit des Equidenpasses) mit einem Turnierrichter durchzuführen, damit auch alles im Sinne des Tierschutzes und der **Leistungsprüfungsordnung (LPO)** – der sich alle mit Abgabe der Nennung unterziehen – abläuft.

... und mit dem Gruß unterwirft sich der Reiter dem Richterurteil.

Kehren wir abschließend noch einmal zu unserem Beispiel mit den vielen PS zurück. Um am öffentlichen Straßenverkehr teilzunehmen braucht der Fahrer einen Führerschein und das Auto ebenfalls ordnungsgemäße Papiere. Nichts anderes ist die Prozedur zur Berechtigung der Teilnahme an einem Reitturnier – und der Anreiz ist doch eigentlich noch viel größer, oder?

Auf dem Turnier

Die Zeiteinteilung

Sind alle Vorkehrungen getroffen und ist ordentlich bis zum Nennungsschluss genannt worden, bekommt man die Zeiteinteilung (mit Nennungsbestätigung) spätestens eine Woche vor dem Reitturnier zugeschickt.

Wichtig

Aus der Zeiteinteilung geht hervor (*s. Seite 22*):

- wann die genannten Prüfungen zeitlich genau stattfinden – (*siehe erste Spalte in der „Original – Zeiteinteilung“*),
- nach welcher Startfolge in den entsprechenden Prüfungen geritten wird (mit welchem Buchstaben die Prüfungen anfangen – *siehe fünfte Spalte*),
- wieviel Teilnehmer in den einzelnen Prüfungen genannt haben (wieviel Startplätze reserviert wurden – *siehe vierte Spalte*),
- wie die Prüfungen evtl. unterteilt sind und wann welche Abteilung beginnt (*siehe dritte Spalte jeweils unter dem Prüfungsnamen*),
- welche Richter im Einsatz sind, wer welche Prüfung richtet (*siehe sechste Spalte*) und mit welchen „Kürzeln“ sie auf der Zeiteinteilung geführt werden,
- welcher Richter wann Aufsicht auf dem Abreiteplatz hat (*siehe siebte Spalte*),
- wo welche Prüfung stattfindet (*ist in diesem Fall mit einem Kästchen umrandet*),
- ob und wann evtl. am Tag vor dem Turnier genannt werden kann (*siehe letzte Zeile*),
- welcher Parcourschef auf dem Turnier tätig ist.

Als zusätzliche Information erhält jeder Reiter mit der Zeiteinteilung meistens auch eine Aufstellung über die von ihm genannten Pferde und deren Startnummern, die für das Turnier Gültigkeit haben.
Wenn nun alle Vorbereitungen abgeschlossen sind, sollte der Reiter und seine Begleiter rechtzeitig auf dem Turnier erscheinen (mindestens eine Stunde vor Prüfungsbeginn), denn auch dort sind noch einige Formalitäten zu regeln, bevor man starten kann. Außerdem kann der Veranstalter aus organisatorischen Gründen den Prüfungsbeginn bis zu einer halben Stunde vorziehen.

Die Meldestelle

Auf dem Turnier angekommen, sollte der Aktive zuerst zur Meldestelle gehen und sich dort für die Prüfungen melden, die man reiten möchte bzw. angeben, welches Pferd in welcher Prüfung geritten wird.
Meldestellen sind eigentlich immer gut zu finden: entweder durch Hinweisschilder oder durch Nachfragen bei anderen Teilnehmern. Auch dieses sollte mindestens eine Stunde vor Prüfungsbeginn erfolgen, da die Meldestelle sonst keine korrekten bzw. aktuellen Starterlisten erstellen kann. Diese Nennungsbestätigung ist immer erforderlich und ohne sie wird man auch nicht einfach in die Starterliste aufgenommen.
Aus dieser Starterliste kann der genaue Startplatz abgelesen werden und damit auch jeder, der auf dem Abreiteplatz sein Pferd vorbereitet, immer wieder prüfen, wieviel Starter noch vor ihm sind. Eine Startertafel steht am Abreiteplatz, daneben – häufig sogar mit Megaphon – ein Helfer des Vereins, der diese Liste immer auf dem aktuellen Stand hält.
Sollte die Prüfung gut geklappt haben und der Reiter mit einer Platzierung rechnen können (ein Viertel der Starter einer Prüfung werden platziert), muss überlegt werden, ob er auf die Platzierung wartet, oder ob noch ein anderer Start in der nächsten Zeit ansteht.

Hier nun eine Zeiteinteilung im Original, allerdings nur als Beispiel gedacht (es sind jedoch alle Zeiteinteilungen vom Aufbau ähnlich – keine Sorge):

Zeitplan						
für das Reit- und Springturnier am 28.und 29. Juli 2001 in Wenholthausen						
Zeit	Prfg.	Prüfung	Startp	Startf.	Richter	Abr.pl.
	Samstag 28.07.2001					
		Dressurplatz 1				
08:00	11	Dressurprüfung Kl.L -auswendig-	26	B	Pf +Sö	
10:00	7	Dressurreiterprüfung Kl.A			Sch + Ar	
		1.Abt. [redacted]	28	E		
		2.Abt. [redacted]	28	E		
13:00	3	1.Abt. Pferde die nicht in 2 start.			Ju + Dö	
14:30	2	Dressurprfg.Kl.A Mannschaften	wird ausgel.		Ju+Dö+Ko+KL	
16:30	25	Dressurwettbewerb Kl.E			Pf + Sö	
		1.Abteilung LK 6	34	Q		
		2.Abteilung LK 0	29	Q		
		Dressurplatz 2				
08:00	27	Springreiterwettbew. Kl.E LK 6	27	M	Sch + Ar	[redacted]
09:30	21	Einfacher Reiterwettbewerb	62		Ko + KL	
		(die Älteren beginnen) 8 Abt.				
12:30	20	Einf.Reiterwettbewerb o.Galopp	24		Ju + Dö	
		(die Älteren beginnen) 3 Abt.				
14:00		Abreiten Mannschaften				
16:30	26	Springreiterwettbew. Kl.E LK 0			Ju +Dö	[redacted]
		1.Abteilung Jahrgang 1974-1987	41	C		
		2.Abteilung 1988-1994	29	C		
		Springplatz				
07:30	12	Springpferdeprüfung Kl.A	40	L	Ko + KL	[redacted]
09:00	13	Stilspringprüfung Kl.A		V	Ju + Dö	Ko +Sö
		1.Abt. [redacted]	30			
		2.Abt. [redacted]	29			
		3.Abt. [redacted]	29			
12:00	16	Springprüfung Kl.L		D	Pf + Sö	[redacted]
		1.Abt. 1941-1975	26			
		2.Abt. 1976-1988	28			
14:00	31	Springwettbewerb Kl.E LK 0	30	E	Ar + Sch	[redacted]
15:00	30	Springwettbewerb Kl.E LK 6	41	S	Pf + Sö	[redacted]
16:45		Dressurprfg.Kl.A Mannschaften				
		und Einzelw.Nr.3 Siegerehrung				
17:00	6	Stilspringprüfung Kl.L	77	S	Ar + Sch	[redacted]
		1.Abt.die nicht in Prfg.Nr.1 starten				
		2. Abt. die in Prfg.Nr.1 starten				
Parcourschef: [redacted]						
Richter: [redacted] (Pf) (KLW-Vertreter)						
[redacted] (Ju) [redacted] (Dö) [redacted] (Ar)						
[redacted] (Ko) [redacted] (Sch)						
[redacted] (KL) [redacted] (Sö)						
Am Freitag den 27.07.2001, kann zwischen 19.00 und 20.00 Uhr (Tel. [redacted])						
gemeldet werden. An den Turniertagen ist die Meldestelle unter [redacted] erreichbar.						

(Wenn die Prüfungen, in denen man reitet, parallel laufen, an der Meldestelle Bescheid geben, um evtl. Komplikationen vorzubeugen.) Oder ob das Pferd eine Pause am bzw. auf dem Anhänger genießen kann. Denn das ist natürlich – unabhängig vom Ergebnis – in allem oberstes Gebot: **die Versorgung des Pferdes.** Hat es nun für eine Schleife gereicht (die Platzierung ist Bestandteil der Prüfung), kann es sein, dass die Prüfung auch mit Geldpreis ausgeschrieben wurde (steht in der Ausschreibung z.B. E und 300,– DM / in Kat. B und A ist immer mit Geldpreisen ausgeschrieben), dann kann der Geldpreis an der Meldestelle gegen Unterschrift abgeholt werden. War die Prüfung mit Ehrenpreis ausgeschrieben (dann steht in der Ausschreibung hinter der Prüfung das Kürzel ‚E' für Ehrenpreis – das gibt es aber nur in Kat. C), erhält jeder Platzierte einen Ehrenpreis. (Einzelheiten zur Ausschreibung siehe Auszug Ausschreibung auf Seite 7.)

Ein tolles Erlebnis: Platzierung am Ende einer Prüfung!

Der Abreite- oder Vorbereitungsplatz

Wichtig

Der Abreiteplatz

Hier bereitet sich der Reiter gemeinsam mit seinem Pferd auf die jeweilige Prüfung vor. Allerdings im Rahmen der geforderten Anforderungen, denn gelernt und geübt wird zu Hause. Vor der Prüfung wird das Erlernte nur kurz aufgefrischt und zwar von dem in dieser Prüfung genannten Teilnehmer persönlich.

§ *Was häufig üblich war, nämlich dass irgendein erfahrener oder vor Kraft strotzender Reiter ein Pferd oder Pony für einen anderen „müde gemacht hat", war damals schon unfair und ist mit der neuen LPO (2000) grundsätzlich verboten.*

Auf dem Abreiteplatz hat immer ein Richter Aufsicht, der das ganze Geschehen auf Korrektheit und – natürlich besonders im Sinne der Pferde und der gesamten Sicherheit – unter Obacht hält.
Anweisungen, die er gibt, sind Folge zu leisten, da er auch die Macht hat, Reiter (bei Verstoß gegen die LPO oder den Tierschutz) für das Turnier (und sogar darüber hinaus) zu sperren.

Der Sicherheit ist auf dem Abreiteplatz immer größtmögliche Sorge zu tragen, da dieser meist um ein Vielfaches kleiner ist, als der Turnierplatz, auf dem letztendlich nur ein Pferd (im Springen) oder bis zu vier Pferden (in der Dressur) gleichzeitig sind.
Der beengte Raum ist auch der Grund, warum viele Aktive ihre Pferde „rundherum spoilern" (z.B. Bandagen oder Gamaschen beim Abreiten für die Dressur).

Abteilungsreiten wie es sein sollte: Ein Abstand wie der andere!

Wer jedoch genau in dem Outfit abreitet, in dem er auch die Prüfung absolviert, geht kein Risiko ein, irgend etwas zu vergessen oder gar wegen unerlaubter Ausrüstung disqualifiziert zu werden.
Also geübt wird zu Hause und nicht auf dem Abreiteplatz – deshalb an anderer Stelle in diesem Ratgeber auch noch einige Infos zum Training und allen übrigen notwendigen Vorbereitungen, die zu Hause erledigt werden müssen, bevor die Reise zum Reitturnier angetreten werden kann.

Die eigentliche Prüfung

Ist das Pferd genügend abgeritten, tritt das Starterpaar zur eigentlichen Prüfung an. Während bei Dressurprüfungen keine weiteren Vorbereitungen nötig sind, sieht es bei Springprüfungen doch etwas anders aus! Bei Dressurprüfungen (die auch zu Hause original geübt werden können und zwar auf der Grundlage des jeweils gültigen Aufgabenheftes) wird die Aufgabe entweder kommandiert oder auswendig geritten.

Die Parcoursbesichtigung

Um eine Springprüfung zu absolvieren, wird vorher der Parcours abgegangen, denn bis auf die Standardparcours (die ebenfalls im Aufgabenheft zu finden sind) sind alle Parcours – bis auf geringe Unterschiede in Höhe und Breite – je nach Örtlichkeit unterschiedlich und werden sehr variantenreich (je nach Parcourschef und zur Verfügung stehendem Hindernismaterial), allerdings nach den Anforderungen der Leistungsklasse bzw. der LPO gestaltet.

Ganz wichtig beim Abgehen des Parcours ist, dass der „Neuling" genau den Weg geht, den er auch reiten möchte! Denn es käme nicht zum ersten Mal vor, dass jemand nicht durch die Start-Linie reitet und vor dem ersten Sprung bereits disqualifiziert wird!

Orientierung im Parcours

Um die Reihenfolge zu erkennen, ist jeder Sprung mit einer Nummer versehen, die rechts am Hindernis angebracht ist (oder daneben steht)!

Zur weiteren Orientierung dienen die roten und weißen Fähnchen, die auf den Ständern rechts und links angebracht sind. Das Hindernis ist immer so anzureiten und zu überspringen, dass das weiße Fähnchen links ist und das rote Fähnchen rechts ist. Das gilt natürlich auch für den Abreiteplatz!

Rote Flagge immer zur Rechten des Reiters!

Beginn und Ende der Parcoursbesichtigung werden offiziell über Lautsprecher bekannt gegeben. Wie auch alle weiteren Infos bezüglich Reitern, Pferden, Platzierungen und die Organisation betreffend (z. B. Prüfungsverschiebungen) immer über die Platzlautsprecher verkündet werden. Am Ende der Besichtigungszeit sollte der Aktive wissen, wo's lang geht! Ist der Startplatz dann nicht ganz vorn, besteht sogar die Möglichkeit, andere dabei zu beobachten, wie sie die gestellte Aufgabe meistern.

Die Ziellinie

Der Parcours ist erst beendet, wenn die Ziellinie durchritten wird und nicht etwa mit dem letzten Sprung, denn auch da sind schon die interessantesten Dinge passiert: Reitet das Starterpaar nämlich nicht durch die Ziellinie, läuft die Zeitmessanlage weiter und anschließend wundern sich Reiter und Zuschauer über die hohe Zeit, wenn dann doch noch irgendwie die Ziellinie durchritten wurde – oder alles staunt, da eine Disqualifikation ausgesprochen wird – eben wegen Missachtung der Ziellinie.

Die Starterliste

Jeder Reiter muss dann starten, wann er laut Starterliste an der Reihe ist. Kommt er zum angegebenen Zeitpunkt und nach mehrmaliger Aufforderung nicht, verliert er seine Startberechtigung, denn die Starterliste, die sowohl am Abreiteplatz und am Einlass aushängt als auch in Kopie den Richtern vorliegt, darf nicht eigenmächtig abgeändert werden!

Im Parcours angekommen, werden zuerst die Richter auf dem Richterturm gegrüßt, dann ertönt das Startzeichen und innerhalb der nächsten 60 Sekunden muss gestartet werden.

Nach Beendigung des Parcours wird dieser zügig verlassen, um den Turnierablauf nicht zu stören. Das Ergebnis des Rittes – sowohl im Springen wie auch in der Dressur – wird sofort nach jedem Ritt bekanntgegeben. Bei Wertungsprüfungen, wo es also um ein Notenergebnis geht, wie z. B. Stilspringen oder Dressurprüfungen werden zwar die Noten auch sofort bekannt gegeben, aber das Protokoll, welches meistens schriftlich abgefasst wird, kann erst nach Beendigung der gesamten Prüfung an der Meldestelle abgeholt werden.

LPO konkret

Zum Verständnis hier nun eine Auflistung der möglichen Fehler und deren Konsequenzen!

Fehler beim Springen

„Fehler“	**Bewertung** (bei Fehler-Zeit-Springen)	**Abzug** (bei Wertungsspringen)
1. Ungehorsam	3 Strafpunkte	1,0 Punkte
Hindernisfehler	4 Strafpunkte	0,5 Punkte
2. Ungehorsam	6 Strafpunkte	2,0 Punkte
Sturz des Pferdes u./o. Reiters	8 Strafpunkte	2,0 Punkte
3. Ungehorsam	Ausschluss	Ausschluss
Überschreiten der „erlaubten Zeit“ für jede angefangene Sekunde	1/4 Strafpunkte im Stechen 1 Strafpunkt	0,1 Punkte
Überschreiten der Höchstzeit	Ausschluss	Ausschluss
2. Sturz	Ausschluss	Ausschluss

Verweigert das Pferd bei einer Kombination am 2. Sprung, muss die komplette Kombination – also beide Sprünge – erneut angeritten und übersprungen werden.

Fehler bei der Dressur

„Fehler“	**Abzug / Bewertung**
Vom Reiter verschuldetes Verreiten – das 1. Mal	0,2 Punkte (bei Wertung mit Note) 2 Punkte (bei Wertung mit Notenbogen)
– das 2. Mal	0,4 Punkte bzw. 4 Punkte
– das 3. Mal	0,8 Punkte bzw. 8 Punkte
– das 4. Mal	Ausschluss
Verlassen des Vierecks mit allen 4 Beinen	Ausschluss
Sturz des Reiters u./o. Pferdes	1,0 Punkte (bei Wertung mit Note) 10 Punkte (bei Wertung mit Notenbogen)

Die Wertnote

Jetzt entsteht sicherlich bei einigen von euch die Frage:

„Abzug von was?“ Ganz einfach von eurer (End-)Wertnote, die ihr eigentlich erhalten hättet – und da sind wir auch gleich bei einem wichtigen Thema:

Wisst ihr eigentlich was z. B. die Wertnote 7,0 bedeutet? Nein? Dann hier die komplette Aufschlüsselung der Wertnotenskala:

LPO konkret

Note	**Bedeutung**	**Note**	**Bedeutung**
10	ausgezeichnet	4	mangelhaft
9	sehr gut	3	ziemlich schlecht
8	gut		
7	ziemlich gut	2	schlecht
6	befriedigend	1	sehr schlecht
5	genügend	0	nicht ausgeführt

Da wir glauben, dass der erste Turnierstart nicht unbedingt in einer Vielseitigkeitsprüfung erfolgt, verzichten wir hier auf die Benennung möglicher Fehler und Abzüge.
Bei Interesse sind diese in der LPO zu finden – genau wie die Inhalte der beiden Tabellen von Seite 26 dort ausführlich nachzulesen sind.

Reinschauen und auf dem Laufenden sein!

Übrigens können auch Richter dieses Amt nicht einfach so ausüben, sondern haben eine entsprechende Ausbildung und Prüfung abzulegen. Was genau steht ebenfalls in der APO (Ausbildungsprüfungsordnung). Weitere Themen der APO – außer den Abzeichen im Pferdesport und der Richterausbildung – sind z. B.:

- die Lehrkräfteausbildung (= Ausbilder im Pferdesport),
- die Parcourschefausbildung,
- die Ausbildung für Fachkräfte im therapeutischen Reiten,
- die Kennzeichnung der Ausbildungsstätten.

Außergewöhnliche Einblicke (oben) und Ausblicke (unten)

Dies kann also nur jemand machen, wenn er sich selber einer Prüfung unterzogen hat und bis dahin auch schon eine Menge selber im Sattel geleistet haben muss!
Denn Turnierrichter kann nur jemand werden, wenn er selber erfolgreich auf Turnieren geritten ist.
Und so wie ein Reiter sich von LK 0 über LK 6 und 5 immer höher arbeiten kann, fängt auch der Richter mit einer Grundprüfung an und kann im Laufe der Jahre bis zur internationalen Spitze aufsteigen!

Da war doch noch etwas?

Das Training zu Hause

Im täglichen Training mit guter und qualifizierter Ausbildung, einem erfahrenen, den Anforderungen, die man stellt, gut ausgebildeten Pferd, der entsprechenden richtigen und passenden Ausrüstung, den äußeren Bedingungen wie Reithalle und Platz werden die Weichen für ein erfolgreiches „Turnierreiterleben" gestellt.

Denn auch hier gilt wieder einmal das Sprichwort: **Ohne Fleiß keinen Preis!**

Wie soll z. B. ein schlecht trainiertes Pferd, mit dadurch geringer Kondition eine Dressur- oder Springprüfung oder gar eine Vielseitigkeitsprüfung erfolgreich absolvieren?!?

Außerdem sollte zu Hause nicht nur das Reiten geübt werden, sondern ebenso elementare Dinge wie z. B. das Verladen!

Funktioniert das problemlos, ist die erste Wochenend-Hürde bereits genommen und Ärger und Nervosität bleiben allen Beteiligten erspart.

Grundvoraussetzung für das Transportieren der Pferde sind ein intakter Pferdeanhänger mit ebenso einem Zugfahrzeug!

Zum Verladenüben sind ein erfahrener (aber mit dem Pferd vertrauter) Führer und ein entsprechender Helfer immer von Vorteil!

Alle negativen Einflüsse, die durch Training, (recht-)zeitiges Abfahren und Erscheinen sowie durch Ruhe und entsprechender Hilfe routinierter Mitfahrer vermeidbar sind, sind schon ein wichtiger und positiver Schritt in die richtige Richtung und auf dem Weg zum Erfolg.

Turniersituation nachstellen

Aber nicht nur das Verladen und Anhängerfahren kann und sollte geübt werden, es gibt viele Situationen, die sich im Training nachstellen lassen und die das „Turnier – Reiter und Pferde – Leben" absolut vereinfachen und das Turniergeschehen zur normalsten Sache der Welt werden lassen.

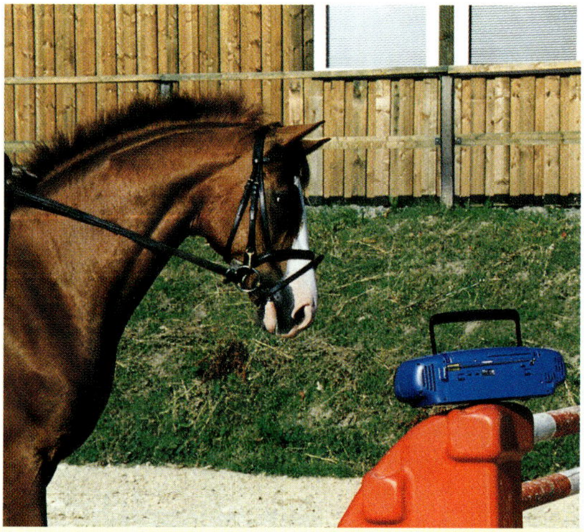

So kann das Pferd mit Hilfe eines CD-Players auf dem Platz oder in der Reithalle (auch ruhig mal an verschiedenen Standorten innerhalb der Bahn) nach und nach an laute Musik (wie sie bei der Siegerehrung und Platzierung ertönt) oder auch an Hintergrund-Musik, die inzwischen fast auf jedem Turnier während der ganzen Zeit läuft, gewöhnen.

Auch an Zuschauer mit Regenschirmen kann das Pferd im Training gewöhnt werden und an dementsprechend schlechte Bodenverhältnisse oder an eine applaudierende Zuschauermenge – der Phantasie sind – außer aus sicherheitstechnischer Sicht – keine Grenzen gesetzt.
Ebenso eine wichtige Übungssache sind Dressurabsperrungen und Bandenwerbung oder einfach mal Kegel als Begrenzung aufbauen – denn die werden auch oft bei Geschicklichkeitsparcours verwendet.

Tipp

Scheuende Pferde müssen also nicht sein! Wer sein(e) Pferd(e) zu Hause bereits vor lösbare Aufgaben stellt, der kann sich beim Turnier aufs Wesentliche konzentrieren – also aufs Reiten.
Je ideenreicher und umfangreicher das Training, desto unkomplizierter der Turnierstart, lautet die einfache Devise.

Pferdepflege und Ausrüstung

Die Ausrüstung von Reiter und Pferd im Training und auf dem Turnier unterscheidet sich eigentlich nur in der Farbe, nicht aber in Zweckmäßigkeit und Sicherheit.
Was natürlich für jeden, der sich mit der Turnierteilnahme beschäftigt, klar und selbstverständlich sein sollte, ist nicht nur die Pflege und das Sauberhalten der Ausrüstung, sondern vor allem auch die Pflege, Fütterung und Handhabung des geliebten Vierbeiners.
So ist nicht nur darauf zu achten, dass das Pferd für das Turnier top herausgebracht wird, sondern zu jeder Reitstunde geputzt und saubergemacht wird. Sollte das Pferd einmal krank sein, ist es wohl selbstverständlich und nicht noch näher erwähnenswert, dass gerade in dieser Zeit der Vierbeiner viel Zuwendung und Pflege erhält, da es für die meisten Rösser schon schlimm genug ist, ca. 23 Stunden in der Box zu stehen und ca. eine Stunde am Tag bewegt zu werden – Pferde sind nun mal Lauftiere und keine Stehtiere. Fällt diese Stunde aufgrund von Krankheit auch noch aus, kann sich ein jeder sicherlich denken, wie grausam das für ein Pferd sein kann – wenn dann noch die Pflege entfällt, braucht sich niemand zu wundern, wenn es abstumpft und auch später nicht gerade vor Begeisterung aus der Box stürmt, wenn der Reiter mit

Zwei, bei denen die „Chemie" stimmt!

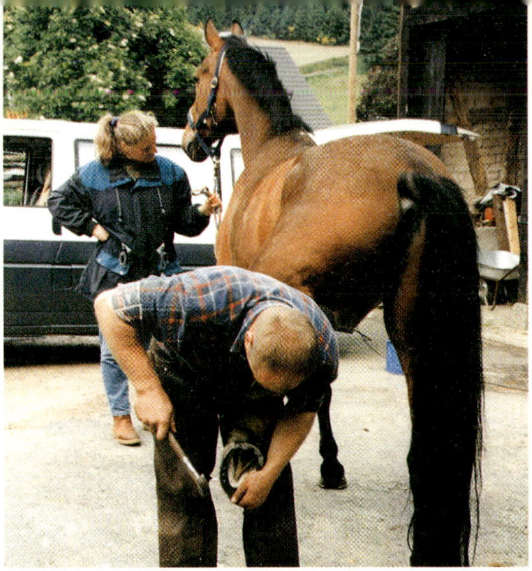

Zwei, die sich regelmäßig sehen sollten!

Sattel und Zaumzeug um die Ecke kommt. Beschäftigt sich der Reiter aber auch in dieser Zeit ausgiebig mit seinem treuen Gefährten, wird er auch Zuneigung erfahren, die vielleicht sonst aufgrund von Zeitmangel oft auf der Strecke bleibt.

Außerdem ist die Pflege und der regelmäßige Hufbeschlag (oder Beschneiden der Hufe) sorgfältig zu beachten und auch zu planen, damit man keine böse Überraschung erlebt, indem am Turnierwochenende die Eisen klappern, weil vergessen wurde, den Hufschmied rechtzeitig zu bestellen! Es kann immer mal passieren, dass sich ein Pferd kurzfristig ein Eisen abtritt, aber dann ist der Hufschmied sicherlich der letzte, der euch hängen lässt, wenn ihr ihn ansonsten regelmäßig und immer rechtzeitig bestellt. Sollte sich ein Pferd auf einem Reitturnier mal ein Eisen abtreten, keine Sorge – auf den Turnieren ist immer ein Schmied vor Ort, der die kurzfristigen, geläufbedingten Schäden behebt – nicht aber einen kompletten Beschlag vornimmt.

Und wo wir einmal bei der gepflegten Optik des Vierbeiners sind: nicht nur die Hufe sollten in einem solchen Zustand sein, auch um das Langhaar ist sich entsprechend zu kümmern. Traditionsgemäß wird die Mähne (und sogar auch der Schweif) eingeflochten oder mit Gummis in Form gebracht, dabei können richtig schöne Frisuren herausspringen:

Gestylt zum Turnier, ansonsten trägt er/sie/es offen!

Sind die Pferde zu Hause untergebracht, ist man selbst verantwortlich und kann sie entsprechend der Abfahrtszeit zum Turnier früh genug füttern – stehen sie in einem Reitstall oder bei einem Bauern, ist unbedingt mit dem Futtermeister Rücksprache zu halten, ob er an Turnierwochenenden bereit ist, die Pferde auch mal entsprechend früher zu füttern oder ob die Reiter dieses selber erledigen müssen! Dann muss natürlich geklärt werden, inwieweit die Pferde in den Nachbarboxen auch etwas zu fressen bekommen, damit sie nicht den ganzen Stall in Aufruhr versetzen!
Noch nie zur Fütterzeit im Stall gewesen? Na, dann wird es aber Zeit! Zum einen, um zu wissen (und nicht nur theoretisch, weil ihr das vielleicht einmal für den Basispass oder die Reitabzeichen lernen musstet) was die Pferde in welcher Menge bekommen, und zum anderen, wie sich die einzelnen Pferde dabei verhalten: sind sie z.B. futterneidisch, schlagen sie längs die Wände? Das sollten alle Besitzer, Reiter und Pfleger der eingestellten Pferde zum eigenen Schutz wissen, denn es kommt vielleicht doch der Tag, an dem ihr die Pferde einmal füttern sollt, weil es mal wieder vor dem Aufstehen zum Turnier geht!
Aber eins ist sicher, nichts ist schöner als zufriedenen, ungestörten Pferden beim Fressen zu lauschen, wie sie den Hafer zermahlen und genüsslich dabei schnaufen. Deshalb ist auch unbedingt eine Ruhepause nach dem Füttern einzuhalten, nicht nur um den Pferden ein ruhiges und vor allem langsames Fressen zu ermöglichen, sondern auch um ihnen die Verdauung zu ermöglichen. Deshalb sollte auch genau überlegt werden, ob und wann man das Pferd auf dem Turnier mit dem mitgebrachten Futter versorgt. Auch dann sollte das Pferd sowohl Ruhe bei der Futteraufnahme haben, wie auch eine angemessene Zeit danach.
Was aber auf jeden Fall wichtig ist, ist, dass ein Tränkeimer im Gepäck ist. Es ist nicht immer nötig, ein Pferd auf einem Turnier zu füttern, denn es kommt ja nicht immer vor, dass man einen ganzen Tag auf dem Turnier verbringt – es ist aber ganz wichtig, dem Pferd zwischendurch frisches Wasser anzubieten (ein Pferd benötigt ca. 40 bis 60 l Wasser pro Tag), und zwar aus dem eigenen Eimer. Eimer, die von Anhänger zu Anhänger und von Pferd zu Pferd weitergereicht werden, sind nicht selten Überträger von Erkrankungen.

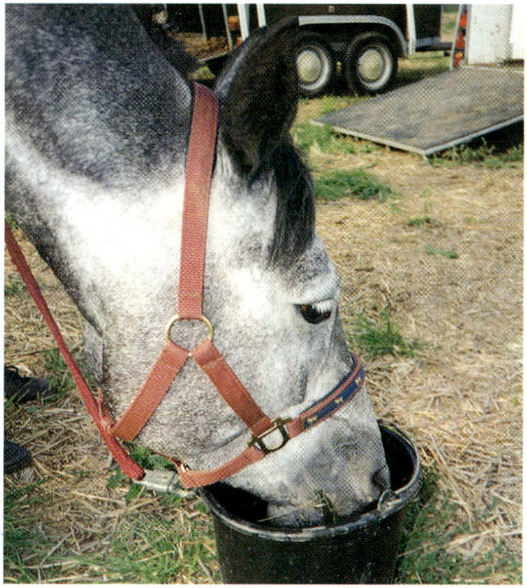

Immer dabei – der eigene Eimer!

Und damit schließt sich dann auch schon wieder der Kreis. Die Grenze zwischen Training und Turnier ist in vielem fließend. Je professioneller die Herangehensweise in der Woche – und damit ist nicht etwa die teure Ausrüstung oder das Unsummen kostende Pferd gemeint – desto „glatter" der Ablauf am Wochenende. Und wer zusätzlich auch noch eine Weile als TT („Turniertrottel") Erfahrungen sammeln kann, der ist fein raus, denn dann klappt er bestimmt:
Der erste Turnierstart – toi, toi, toi!

Turnier-Reiten von A wie Abreiten bis Z wie Zeitspringen

Und nun noch ein Mini-Lexikon! Genau wie die übrigen Ratgeber dieser Reihe schließt dieser Band mit einem kompletten „A-B-C" ab. Wir hoffen dadurch zum einen eventuell noch „bestehende Lücken" zu schließen, zum anderen sind wir uns sicher, dass (M)an(n), Frau, Kind mit jedem Band mehr ein umfangreiches und bezahlbares Nachschlagewerk besitzt.

-A-

▸ **Abreiten**

Bevor die Reiter auf dem Turnier starten, machen sie sich und vor allem das Pferd warm. Wie zu Hause lösen sie das Pferd und bereiten es somit auf die Anforderungen der Prüfung vor, um genau zum richtigen Zeitpunkt zu starten.

▸ **Abladen**

Ein Pferd oder Pony von einem Anhänger oder Transporter herunterholen.

▸ **Abschwitzdecke**

Diese Decke bekommen verschwitzte Pferde aufgelegt, damit sie sich in der kälteren Jahreszeit nicht erkälten (im Sommer reicht ausgiebiges Trockenführen aus). Die Decke transferiert die Nässe nach außen, und somit ist das Pferd nach einiger Zeit trocken und die Decke von außen ganz feucht.

▸ **Abzeichen** (siehe Pferdekopf Seite 33)

Weiße Haarstellen in verschiedenster Form am Kopf und an den Beinen des Pferdes.

▸ **Anhängerparkplatz**

Auf den Turnieren extra dafür vorgesehene Parkplätze für Autos mit Anhängern oder Transporter, die recht gut befahrbar und nicht zu steil sind – die Zuschauerparkplätze sind davon getrennt, damit nichts passiert.

▸ **APO**

Ausbildungsprüfungsordnung der Deutschen Reiterlichen Vereinigung.

Wenn den Anweisungen der Ordner auf dem Parkplatz gefolgt wird, stehen die Anhänger „in Reih und Glied" und mit genügend großem Sicherheitsabstand!

Anlehnung
Die stete weiche Verbindung zwischen der Reiterhand und dem Pferdemaul.

Aufladen
Ein Pferd oder Pony auf einen Anhänger / Transporter führen.

Aufmarschieren
Einreiten bei Dressurprüfungen zur Grußaufstellung. Die Reiter wenden nacheinander von der kurzen Seite (auf die Richter zu) ab und stellen sich in Höhe der Linie E-B nebeneinander auf.

Ausbinder / Ausbindezügel
Hilfszügel, der beim Anfängerunterricht unentbehrlich ist, da er gemeinsam mit den Zügeln die Anlehnung vereinfacht. Er ist ein erlaubter Hilfszügel für Reiterwettbewerbe.

Ausschreibungen
Werden in den Zeitschriften der Landesverbände veröffentlicht und beinhalten alle Informationen, welches Turnier, an welchem Wochenende mit welchen Prüfungen stattfindet.

Aufgabenheft
In diesem kleinen gelben Ringbuch stehen alle Dressuraufgaben (mit Notentabellen), die Standardparcours sowie Erläuterungen zur Ausführung einzelner Lektionen.

-B-

Bandagen

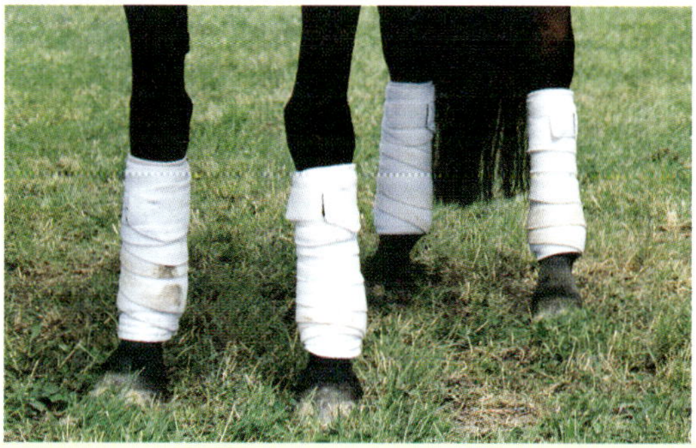

Ca. 8 – 10 cm breite und 2,5 bis 3 m lange elastische Binde, die mit und ohne Unterlage um den unteren Teil der Pferdebeine gewickelt wird, um diese zu schützen und zu stützen.

▸ **Bande**

„Umrandung" der Reit- oder Longierhalle bzw. abgeschrägte Schutzwand entlang des Hufschlags.

▸ **Bandmaß**

Mit einem flexiblen Zentimetermaß vom Boden hoch über den Oberarm zum Widerrist gemessen. Dieses Maß ist meist 8 bis 10 cm länger als das Stockmaß (weil die Muskeln „mitgemessen" werden).

▸ **Biegung (Längsbiegung)**

Das Biegen des Pferdes in den Rippen in Wendungen – z. B. dem Zirkel, Volten und in jeder Ecke.

Das Pferd wird immer so gebogen, wie die Linie auf der es geht, vom ersten Halswirbel bis zum letzten Schweifwirbel.

▸ **Box**

„Einzelzimmer" (3m x 3,5 m Grundfläche mind.) eines Pferdes im Stall.

▸ **Brandzeichen**

In vielen europäischen Ländern übliche Kennzeichnung von Pferden als Herkunftsnachweis. Brandzeichen werden dem Pferd meist mit glühend heißem Eisen (auf den Hinterschenkel) eingebrannt.

Ein „Stempel" mit langer Geschichte

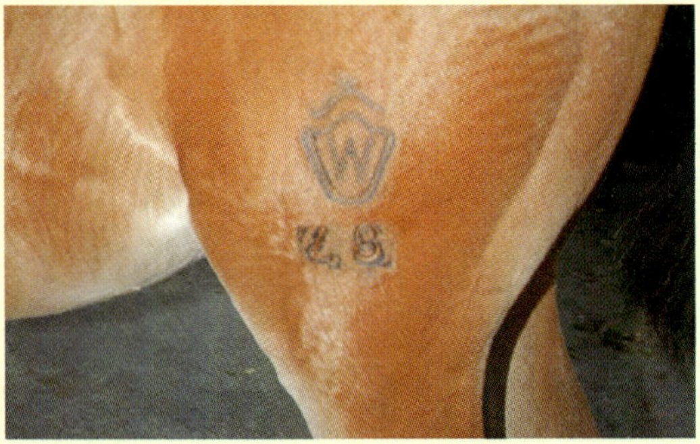

▸ **Brauner**

Pferd mit bräunlichem Deck- und schwarzem oder gräulichem Langhaar.

-C-

▸ **Cavaletti**

Kleine, etwas höhenverstellbare Bodenricks, die bei der Arbeit mit dem Pferd genutzt werden können und entsprechend der Gangart in angemessenem Abstand liegen.

▸ **Charakter**

Das Verhalten des Pferdes dem Menschen oder anderen Pferden gegenüber. Teil des Interieurs (Wesen) des Pferdes, der dann auch das Verhalten des Tieres in ganz bestimmten Situationen einschließt.

▸ **CHIO**

Offizielles internationales Reitturnier.

-D-

▸ **Decke**

Zum Abschwitzen oder zu Transportzwecken oder witterungsbedingt eingesetztes Textil.

▸ **Deckhaar**

Haarkleid des Pferdes. Das Deckhaar ist zum Unterschied vom Langhaar zweimal jährlich dem Haarwechsel unterworfen.

Doping
Unerlaubte Machenschaften, die die Leistungsfähigkeit des Pferdes steigern sollen.

DRA
Deutsches Reitabzeichen.

Dressur
Gymnastizierung des Pferdes nach klassischen Methoden unter dem Sattel zur optimalen Ausbildung des Bewegungsapparates.

Dressursattel
Ein Sattel, der für die Anforderungen an den Dressurreiter angefertigt wurde. Die Sattelblätter sind länger und schmal gebaut, der Sitz ist tiefer und der Reiter näher am Pferd.

Druckstellen
Sie entstehen, wenn die Pferde nicht sorgfältig geputzt werden, die Sattelunterlage verklebt ist, faltig unter dem Sattel liegt, der Sattel falsch gepolstert ist oder nicht passt.

Durchlässigkeit
Oberstes Ziel der Skala der Ausbildung des Pferdes. Ein solches Pferd reagiert willig auf die Reiterhilfen.

-E-

Equidenpass
„Personalausweis" des Pferdes, in dem u.a. auch alle Abzeichen des Tieres und auch seine Impfungen aufgeführt sind.

Erste Hilfe
sollten Ausbilder und Aktive leisten können. Ein entsprechender Kasten gehört in jede Vereinshalle und in jeden Pferdebetrieb – auf dem Turnier ist sogar ein spezieller Dienst dafür eingeteilt.

Ehrenrunde (siehe Bild rechts oben)
Nach der Platzierung, bei der die Teilnehmer die Schleifen verliehen bekommen, geht es auf die Ehrenrunde mit Musik und Applaus der Zuschauer, die so ihren Glückwunsch aussprechen.

Exterieur
Die äußeren Merkmale eines Pferdes (das Gebäude).

Immer eine ergreifende Angelegenheit: die Ehrenrunde

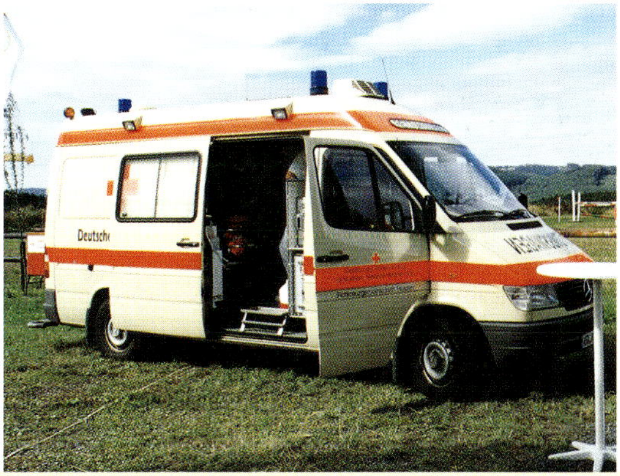

-F-

Falscher Fuß

Damit ist beim „Leichttraben“ gemeint, dass der Reiter nicht auf dem inneren Hinterfuß (äußeren Vorderfuß) trabt / „aufsteht“.
(Kürzel bei Reiterwettbewerben f F)

FEI

Internationale Reiterliche Vereinigung.

Fessel

Teil des Pferdebeines zwischen Huf- und Schienbein.

FN

Deutsche Reiterliche Vereinigung mit Sitz in Warendorf.

Fohlen

Pferdebaby.

Fuchs

Pferd mit rötlich – braunem Deck- und Langhaar (welches auch heller sein kann).

Führzügelwettbewerb

Ursprünglich aus England stammender Wettbewerb, bei dem die jüngsten Teilnehmer ihr Können unter Beweis stellen. Sie reiten dabei selbständig und der durchhängende Führstrick ist lediglich eine „Sicherheitsleine“ für den Fall der Fälle (und nicht für den Dauereinsatz gedacht).

-G-

Galopp

Grundgangart des Pferdes im Dreitakt.

Gamaschen

Vorgeformter, stabiler Beinschutz.

Gebiss

(Metall-) Mundstück, welches am Trensenzaum befestigt ist und in das die Zügel eingehakt werden.

Geraderichtung

Dies ist der „vorletzte“ Punkt in der Skala der Ausbildung und bedeutet, dass die Hinterbeine mit den Vorderbeinen spuren müssen und nicht seitlich vom Vorderhufabdruck aufgesetzt werden.

Gewinnsummenpunkte

Punkte, die die Pferde für Turniererfolge erhalten.

Die Gymnastikreihe: Nur mit passenden Absänden sinnvoll!

▸ **Gymnastikreihe**
Zur Gymnastizierung der Pferde (und Reiter) aufgebaute kleine Sprünge mit entsprechenden Abständen, die (meistens) aus dem Trab angeritten werden.

-H-

▸ **Halfter**
Gebissloses Kopfstück, welches das Pferd beim Führen und Putzen trägt.

▸ **Handwechsel**
Der Reiter, der bisher auf der linken Hand geritten ist, soll nun auf der rechten Hand reiten und umgekehrt.

▸ **Hengst**
Männliches, fortpflanzungsfähiges Pferd.

▸ **Hilfen**
Verständigung zwischen Reiter und Pferd; wir unterscheiden Schenkel-, Gewichts- und Zügelhilfen.

▸ **Hinterzwiesel**
Hinterer Teil des Sattels.

▸ **Huf**
Fuß des Pferdes, der gut gepflegt werden muss, da er die Last des Pferdes und des Reiters zu tragen hat.

Zeigt her eure Füße!

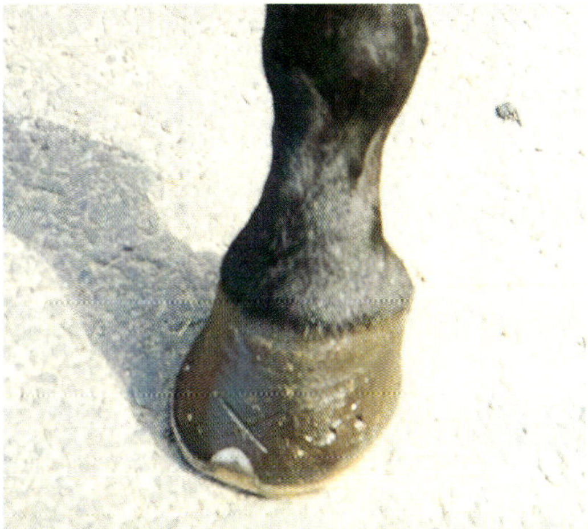

▸ **Hufeisen**
Metallener Schutzbeschlag der Pferdehufe oder auch Glücksbringer (aber nur, wenn nach oben offen angebracht).

▸ **Hufkratzer**
Haken- oder spachtelförmiges Gerät zum Reinigen der Hufe und zum Entfernen festgeklemmter Steine und von Schmutz.

▸ **Hufschlag**
Die Fußspuren, die das Pferd auf dem weichen Boden der Reitbahn hinterlässt. Allgemein spricht man vom Hufschlag, wenn die Pferde in der Reitbahn entlang der Bande geritten werden.

▸ **Hufschlagfiguren**
So werden die in der Reitbahn und auf dem Dressurviereck gerittenen Wege genannt.

-I-

▸ **Impfungen**
Vorbeugende Maßnahme zur Abwehr von (tödlichen) Krankheiten z. B. Tetanus oder Influenza.

-K-

▸ **Kaltblut** (siehe rechts oben)
Temperamentsbezeichnung – Sammelbegriff für alle schweren Arbeitspferde.

▸ **Kappzaum**
Ein am Nasenriemen gut gepolsterter und mit Ösen versehener Zaum.

▸ **Kastanie**
Hornige Stelle (in Kastanienform) an der Innenseite der Pferdebeine.

▸ **Kombination**
Zwei oder drei aufeinander folgende und auf gerader Linie stehende Sprünge mit einem oder zwei Galoppzwischensprüngen.

▸ **Kommandogeber**
Dieser liest bei Dressurprüfungen die geforderten Aufgaben aus dem Aufgabenheft vor.

Ein sympatischer Dicker

▸ **Koppel**
Eingezäunte Weidefläche.

▸ **Kraftfutter**
Energiefutter fürs Pferd (z. B. Hafer, Gerste oder Mais).

▸ **Kruppe**
Hinterer Teil des Pferderückens zwischen Kreuz und Schweifwurzel.

-L-

▸ **Lahmen**
Das Pferd lahmt, wenn es mit einem Bein vorsichtiger bzw. kaum auftritt bzw. hinkt.

▸ **Langhaar**
Mähne, Schopf und Schweif sind die Langhaare eines Pferdes.

▸ **Leichttraben**
Im Gegensatz zum Aussitzen des Trabes wird ein Trabtritt durch Herausheben des Gesäßes aus dem Sattel übergangen.

Was zu viel ist, ist zu viel, und bei 30°C aufwärts ist eine Reitjacke nun wirklich zu viel des Guten!

▸ **Leistungsabzeichen**
Basispass Pferdekunde, DRA IV bis I und das DRA in Gold sind z. B. die Leistungsabzeichen im Reitsport und im Gegensatz zu den Motivationsabzeichen an erhöhte und sehr hohe Leistungen geknüpft.

▸ **Leistungsklasse**
Jeder Reiter wird nach seiner Leistung (seinen Erfolgen) in eine Gruppe (Leistungsklasse 1-6) eingeteilt.

▸ **Longe**
Etwa 9 m lange Leine aus Gurt, die beim Longieren in den inneren Trensenring oder den Kappzaum eingeschnallt und vom Longenführer gehalten wird.

▸ **LPO**
Leistungsprüfungsordnung.
Durchführungsbestimmungen für Turniere seitens des nationalen Dachverbandes (FN).

-M-

▸ **Mähnenkamm**
Teil des Pferdehalses vom Genick zum Widerrist bzw. „Putzzeug“ zum Kämmen der Mähne.

▸ **Marscherleichterung** (siehe links)
Wenn die Temperaturen im Sommer so hoch sind, dass es fast unzumutbar ist, mit der dunklen Reitjacke zu reiten, genehmigen die Richter ohne Jacke zu starten, und geben dies über Lautsprecher bekannt.

▸ **Meldestelle**
Organisationsbüro auf Turnierplätzen.
Anlaufstelle für die Aktiven.

▸ **Mittellinie**
Die gedachte Linie zwischen den Mittelpunkten der kurzen Seiten (A+C) einer Reitbahn.

▸ **Mittelpositur**
Hüfte, Kreuz und Gesäß des Reiters
(auch “Bewegungszentrum“ genannt).

▸ **Motivationsabzeichen**
Kombiniertes-, Kleines- und Großes Hufeisen sowie (Kombinierte) Reiternadel.

-N-

Nachgeben
Verminderung des Gebissdrucks im Pferdemaul. (Merke: Jeder annehmenden Zügelhilfe folgt eine nachgebende Zügelhilfe.)

Nachgurten
Festziehen des Sattelgurtes nach der 10minütigen Schrittphase zu Stundenbeginn und dem Abreiten. Wird der Sattelgurt sofort zu eng gezogen, kann Gurtzwang die Folge sein.

Nachnennung(en)
wenn weder für den Reiter noch für das Pferd zeitgemäß Startplätze reserviert waren, liegen im Ermessensspielraum des Veranstalters. Wer also lieber auf Nummer sicher gehen möchte und nicht unverrichteter Dinge wieder den Heimweg antreten will, der sollte sich an die Ausschreibung(stermine) halten und so Stress und Chaos für sich und andere vermeiden helfen.

Nasenriemen
Teil des Zaumzeugs, der beim Auftrensen als erster geschlossen werden sollte, um größtmöglichen Einfluss aufs Pferd auch in dieser Situation zu gewähren und um das Reithalfter direkt richtig zu fixieren.

Nenngeld
Betrag, der bei der Anmeldung zur Teilnahme an einer Pferde(leistungs)schau (Reitturnier) zu entrichten ist.

Nennung
Anmeldeformular für den Start beim Reitturnier.

Nennungsscheckheft
Wird von Reitern, die in Kat. B starten wollen zum Nennen benötigt.

-O-

Olympische Spiele
Zu allen Sommerspielen gehören sie heutzutage dazu – die Pferde. Voltigieren war allerdings nur einmal olympisch und zwar 1920 in Antwerpen.

Oxer
Zwei fast gleiche Hindernisse, die gleich hoch hintereinander aufgebaut sind und mit einem Sprung zu überwinden sind.

Achtung: Die hintere Stange darf nicht tiefer sein als die vordere! Das ist nicht nur gefährlich, sondern auch verboten.

-P-

Paddock
Offene Box mit angeschlossenem Auslauf z.T. in Miniaturausgabe. (Siehe Seite 41 unten links)

Parcours
Der Weg und die zu überwindenden Hindernisse vom Start bis zum Ziel bei einem Springen.

▸ **Parcourschef** (siehe Foto rechts)
Er oder sie dürfen die Parcours auf den Turnieren – nach abgeschlossener Prüfung – aufbauen.

▸ **Pedigree**
Ein aus dem Englischen übernommener Ausdruck für den Stammbaum eines Pferdes.

▸ **Peitsche**
Verlängerter Arm des Longenführers, vergleichbar mit der Gerte beim Reiten.

▸ **Pferdenachtrag**
Ein genannter Reiter kann (theoretisch) beliebig viele noch nicht genannte Pferde zum Turnier mitbringen. Die Pferde bekommen eine eigene (neue) Kopfnummer und dürfen von allen genannten Teilnehmern zu ihren reservierten Startplätzen – wie ein termingerecht genanntes Pferd – eingesetzt werden. Natürlich ist auch das nicht kostenlos. Zusatzgebühren in vorgeschriebener Höhe sind auch in diesem Fall zu entrichten.

Fast schon ein 4-Sterne-Hotel!

Nur mit Verantwortung und Kreativität möglich

Achtung: Gültige Aufkleber und Equidenpass nicht vergessen!

▸ **Pferdepflege**
Sachgerechte Pferdehaltung, -fütterung und Körperpflege sollten für alle Zweibeiner ihrem Sportkameraden gegenüber selbstverständlich sein.

▸ **Platzierung**
Reihenfolge der Reiter bei der Siegerehrung.

▸ **Pony**
Ponys sind keine bestimmte Rasse sondern kleine Pferde bis max. 1,47 m Stockmaß.

▸ **PS**
Von James Watt (Erfinder der Dampfmaschine) eingeführte Abkürzung für Pferdestärke.

▸ **Putzzeug**
Materialien / Bürsten zur Körperpflege des Pferdes.

-Q-

▸ **Quadrille**
Eine Vorstellung von Pferden in kunstvollen Figuren nach den Klängen der Musik.

-R-

▸ **Ranglistenpunkte**
Punkte, die die Reiter für ihre Turniererfolge erhalten.

▸ **Rappe**
Pferd mit schwarzem Deck- und Langhaar.

▸ **Raufutter**
Neben Kraft- und Saftfutter wichtigste Futterart (z.B. Heu oder Stroh oder Anwelksilage).

▸ **Reitausbilder**
(Lizensierter) Trainer, der aktiv die Ausbildung der Zwei- und Vierbeiner betreibt.

▸ **Reitrichter**
Geprüfte/r Sachverständige/r, der / die Abzeichen abnehmen darf und beim Turnier die jeweilige Leistung zu bewerten hat.

▸ **Richtlinien**
Standardwerke der FN mit Grundsätzen zum Reit-, Fahr- und Voltigiersport sowie zur Pferdehaltung.

▸ **Rosse**
Brunftperiode der Stute. Zeit, in der die Stute tragend werden kann.

-S-

▸ **Saftfutter**
(Gras, Möhren, Rüben...) ist die bedeutendste Futtergruppe neben Kraft- und Raufutter.

▸ **Satteldecke**
Sattelunterlage, die der Form des Sattels entspricht.

▸ **Schabracke** (siehe Seite 43 oben links)
Rechteckige Sattelunterlage.

▸ **Schecke**
Pferd mit großen „Farbklecksen".

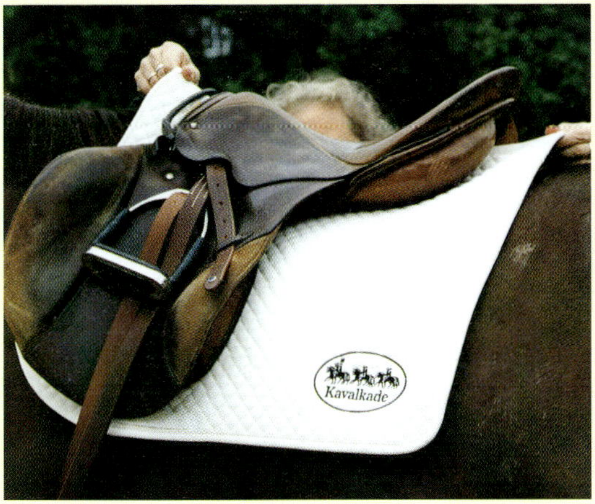

Schimmel
Sammelbegriff für weiße Pferde.

Schritt
Grundgangart des Pferdes im Vierertakt.

Schweif
Langhaar am „Hinterteil“ des Pferdes. Er dient zur Abwehr von Insekten und sollte nicht zu kurz geschnitten oder gar kupiert werden, Letzteres ist heutzutage verboten!!!

Schweifriemen
Ein Lederriemen, der vom Hinterzwiesel des Sattels

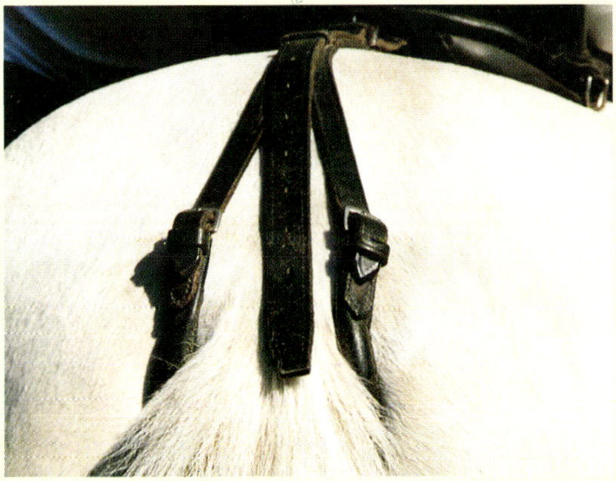

Ein schöner Rücken kann auch entzücken ...

ausgehend um die Schweifrübe geführt und wieder am Sattel befestigt wird, um das Verrutschen des Sattels nach vorn zu verhindern.

Selbsttränke
Vorrichtung, die es Pferden erlaubt, in „Selbstbedienung“ Wasser zu trinken.

Sicherheitskappe

Ein Kopfschutz, der auch beim Sturz des Reiters nicht vom Kopf fallen kann.

Sinnesorgane
Da das Pferd vom Ursprung her ein Steppen- bzw. Fluchttier ist, sind diese besonders gut entwickelt und leistungsfähig.

Sprungglocken
Zum Schutz der Hufkrone umschnallbare Polster aus Gummi, Neopren oder Leder.

Stallzelt
Auf größeren Pferdeveranstaltungen aufgebaute Zelte, die zur Unterbringung der Pferde dienen.

Starterliste / Startertafel
Von der Meldestelle gefertigte Liste, auf der die Reihenfolge der Teilnehmer aufgeführt ist und ebenso auf die Startertafel am Einlass übertragen wird, damit jeder Reiter vom Pferd aus die Reihenfolge zu jeder Zeit überblicken kann.

Startnummer
Am Pferd bei einem Turnierstart zu tragende Zahl – beidseitig gut sichtbar.

Steilsprung
Ein Hindernis aus senkrecht übereinander stehenden Teilen, wie Stangen, Planken oder Gatterteilen.

Stockmaß
Wird mit einem stabilen Zentimetermaß vom Boden gerade hoch zum Widerrist gemessen.

Streichkappen
Gamaschen für die Hinterbeine zum Schutz der Fesselköpfe.

Stute
Weibliches Pferd.

-T-

Takt
Das ist das Gleichmaß der Bewegung. Jede Gangart hat ihren Takt, der auch mit zunehmender Zeit (Alter?) immer noch klar zu erkennen sein sollte.

Taxieren
Darunter versteht man die Fähigkeit des Pferdes, ein Hindernis richtig einzuschätzen und im günstigsten Augenblick abzuspringen.

Teilnehmernachtrag / – wechsel
Ein bisher in einer Prüfung noch nicht genannter Aktiver kann den reservierten Startplatz eines anderen Teilnehmers – gegen Entrichtung einer vorgeschriebenen Gebühr übernehmen. Achtung: Wenn nötig, Nennungsscheck an der Meldestelle nachreichen.

Trab
Grundgangart des Pferdes im Zweiertakt.

Transportgamaschen
Stabiler, meist vorgeformter (vom Vorderfußwurzelgelenk bzw. Sprunggelenk bis über die Hufe reichender) Beinschutz für Vorder- und Hinterbeine, um die Verletzungsgefahr beim Transport zu mindern.

Trense
Kopfstück des Pferdes bei Training und Wettkampf.

Triplebar
Ein Hochweitsprung, der sich aus mehreren Ricks zusammensetzt, die in der Größe nach rückwärts ansteigen.

-U-

Ungehorsam
Das Pferd widersetzt sich den Hilfen des Reiters.

-V-

Verfohlen
Fehlgeburt einer Stute.

Verweigern
Das Pferd will nicht springen und bleibt vor dem Hindernis abrupt stehen.

Volte
Kreis von 6 bis 10 m Durchmesser, der vom Pferd die höchste Längsbiegung fordert.

Voltigieren
Turnen auf dem schreitenden, trabenden oder galoppierenden Pferd.

-W-

Wallach
Männliches, nicht mehr fortpflanzungsfähiges (kastriertes) Pferd.

Warmblut
Temperamentsbezogene Einteilung. Im Bundesgebiet gehören alle „edleren" Reit-, Voltigier- und Wagenpferde ab einem gewissen Stockmaß zu den Warmblütern.

Weidegang
ist für alle Pferde / Ponys gesund und wichtig, da es die gelungenste Kombination aus Futteraufnahme, Bewegung und Beschäftigung darstellt. Untugenden haben bei ausreichendem Weidegang selten eine Chance.

Wertnoten
Werden bei bestimmten Prüfungen, bei denen es speziell um die Reiter oder Pferde geht, auf Reitturnieren gegeben und führen nach entsprechendem Abzug zur Endnote des Starterpaars.

Widerrist
Knöcherner, haut- und fellbedeckter Übergang vom Pferdehals zum Pferderücken.

Wiehern
Lautäußerung des Pferdes.

-Z-

Zeitmessanlage
Das ist eine elektronische Uhr, die mit Hilfe der Lichtschranken am Start und Ziel ganz genau die Zeit misst, die die Reiter im Parcours benötigen.

Zeitspringen
Bei dieser Spezialspringprüfung werden die Springfehler nicht mit Strafpunkten sondern mit Strafsekunden gewertet.

P.S. Und wem diese Fülle von Informationen noch nicht reicht, der sollte mal im Internet surfen. Unter „www.pferd-aktuell.de" gibt es noch unzählige Sachen zum Thema Pferd.

Service

Zum Weiterlesen

LPO – Leistungsprüfungsordnung, FN, Warendorf 2000

Aufgabenheft FN, Warendorf 2000

Gast, U. / Gast, C.: Reiten lehren lernen, FN Verlag, Warendorf 2000

Gast, U. / Gast, C.: Sattelfest, FN Verlag, Warendorf 2000

Kyrklund, K.: Dressurreiten, Müller-Rüschlikon, Stuttgart 2000

Videos:

Asbahs / Gast: ABC – Ausbilden Betreuen Coachen im Pferdesport – Teil 3 // FN – Video

Hess / Gast: Reiten und Richten von Dressurreiterprüfungen Waldhausen - Video

aus dem Kosmos Verlag:

Berger, M.: Pferde füttern; Gesund und fit – optimal versorgt, Stuttgart 2001

Gohl, C.: Pferdekunde; Basiswissen rund ums Pferd, Stuttgart 1999

Hoffmann, Marlit: Marlit Hoffmanns Trickkiste; Profi-Tipps zum besseren Reiten, Stuttgart 2000

Hölzel, P.: Basis-Pass Pferdekunde; Optimale Prüfungsvorbereitung in Frage und Antwort, Stuttgart 2000

Hölzel, P.: Das Reitabzeichen; Vorbereitung auf die praktische und theoretische Prüfung, Stuttgart 2000

Hölzel, P: Der Reitpass; Vorbereitung auf die praktische und theoretische Prüfung, Stuttgart 2000

Neumann-Cosel, I. von: Reitersitz und Reiterhilfen; Korrekt sitzen, gefühlvoll einwirken, Stuttgart 2001

Nützliche Adressen

FN (Deutsche Reiterliche Vereinigung)
Abt. Jugend / Adressenliste Voltigieren
Freiherr-von-Langen-Str. 13
48231 Warendorf
Tel. 02581 – 63620
Fax 02581 – 62175
www.pferd-aktuell.de

Die Landesverbände:

Pferdesportverband Baden-Württemberg
70806 Kornwestheim

Bayerischer Reit- und Fahrverband
81929 München

Landesverband der Reit- und Fahrvereine Berlin-Brandenburg
14053 Berlin

Bremer Reiterverband
28717 Bremen

Landesverband der Reit- und Fahrvereine Hamburg
22761 Hamburg

Hessischer Reit- und Fahrverband im Landessportbund Hessen
35683 Dillenburg

Landesverband Mecklenburg-Vorpommern für Reiten, Fahren und Voltigieren
18276 Mühlengeiz

Niedersächsischer Reiterverband
30159 Hannover

Provinzial-Verband westf. Reit- und Fahrvereine
48157 Münster-Handorf

Landesverband der Reit- und Fahrvereine Rheinland-Pfalz
55543 Bad Kreuznach

Saarländischer Reiterverband
66123 Saarbrücken

Landesverband der Reit- und Fahrvereine Schleswig-Holstein
23795 Bad Segeberg

Thüringer Reit- und Fahrverband
99096 Erfurt

Impressum

Umschlag von eStudio Calamar unter Verwendung von zwei Farbfotos von Ulrike Gast.

Mit 50 Farbfotos von Ulrike Gast.

Die Deutsche Bibliothek –
CIP-Einheitsaufnahme
Ein Titelsatz für diese Publikation ist bei der Deutschen Bibliothek erhältlich.

Gedruckt auf chlorfrei gebleichtem Papier

ISBN 3-440-09198-8
Redaktion: Katja Metzler
Gestaltungskonzept: eStudio Calamar
Satz: Atelier Krohmer, Dettingen / Erms
Produktion: Kirsten Raue / Markus Schärtlein
Reproduktion: Master Image, Singapur
Printed in Germany / Imprimé en Allemagne
Gesamtherstellung: Huber KG, Dießen

Alle Angaben in diesem Buch erfolgen nach bestem Wissen und Gewissen. Sie entbinden den Pferdehalter nicht von der Eigenverantwortung für sein Tier und können insbesondere die tierärztliche Untersuchung und Behandlung nicht ersetzen.

KOSMOS

Ratgeber Pferde

Alles drin, klar und übersichtlich, aus erster Hand

Wittek
Kräuter und Tees für Pferde
ISBN 3-440-09049-3

Christiane Gohl
Das Einmaleins des Reitens

ISBN 3-440-09053-1

In diesem Buch aus der Kosmos Ratgeber-Reihe finden Sie alles Wichtige für den Anfang Ihrer Reiterkarriere: der richtige Umgang mit dem Pferd, die Hilfe beim Reiten in allen Gangarten, der erste Ausritt in der Gruppe. Einer harmonischen Partnerschaft zwischen Reiter und Pferd steht nach dieser Lektüre nichts mehr im Wege!

Merklin
Spiel und Spaß mit Pferden
ISBN 3-440-09051-5

Neumann-Cosel
Pferde verstehen leicht gemacht
ISBN 3-440-09052-3

Schmidt
Longieren – sinnvoll und richtig
ISBN 3-440-09050-7

Schmid-Neuhaus
Massage für Pferde
ISBN 3-440-09054-X

www.kosmos.de